L'ALTRA MEDICINA/82

La collana 'L'altra medicina' propone una serie di testi sulle diverse vie per realizzare, mantenere o recuperare la salute. Orientate sulla nozione di benessere (piuttosto che su quella di malattia), di equilibrio unitario fisico e mentale, queste discipline sono spesso tenute ai margini — se non ostacolate o ignorate — dalla medicina accademica dominante.

La collana presenta, volume dopo volume, un'informazione chiara, accessibile, concreta sui diversi aspetti della moderna visione di un'ecologia del corpo.

Ognuno dei testi che qui viene proposto è il risultato di una scelta svolta, a livello internazionale, tra tutto ciò che di meglio viene elaborato nell'ambito di ciascun soggetto; ciò nonostante, la forma di presentazione e il linguaggio sono curati in modo tale che l'argomento risulti accessibile e praticabile non solo da parte degli specialisti, ma di ciascun lettore che semplicemente sia interessato — per ragioni di conoscenza o motivi personali — alla prospettiva di un reale ampliamento dell'arte di guarire ed essere sani.

L'editore sarà lieto se queste 'proposte' susciteranno dibattiti, interventi, richieste di ulteriori ampliamenti o approfondimenti. Sarà inoltre lieto di dare notizia delle nuove pubblicazioni a chiunque semplicemente invii il proprio nome, cognome, indirizzo a: red./studio redazionale, via Volta 43, 22100 Como, telefono 031/279146.

Gudrun Dalla Via

l'arte del crudo

edizioni di red./ studio redazionale
via Volta 43/ 22100 Como

autrice	Gudrun Dalla Via
grafica	Paolo Giomo
redazione	Giovanna Galeazzi
editore	red./studio redazionale ©
	via Volta 43 22100 Como

I edizione: 1989

L'autrice

Gudrun Dalla Via si occupa attivamente di salute e alimentazione naturale da molti anni.
È docente di Dietoterapia Naturale presso la scuola di Nuova Medicina (Nu.Me.) di Bologna e tiene corsi e conferenze sia in Italia sia all'estero.
Ha pubblicato diversi volumi, fra i quali *L'aceto di mele*, *Karité*, *Idroterapia* e *Le combinazioni alimentari*, presso le Edizioni di red./studio redazionale.
Collabora a 'La Stampa' di Torino e a varie riviste.

Come utilizzare nel modo migliore questo libro
Questo libro si compone di tre sezioni.

La prima, *Un po' di storia*, ci dà qualche cenno storico sull'alimentazione, in riferimento soprattutto alla cottura dei cibi ed ai motivi che hanno portato varie culture all'elaborazione sempre più raffinata degli alimenti.

Nel capitolo 'Crudo o cotto? Opinioni a confronto' sono descritte alcune teorie, passate e presenti, che hanno come presupposto l'uso di cibi crudi, o quasi crudi, per un'alimentazione veramente sana e naturale.

Nella seconda sezione, *Le ricerche di oggi*, vengono valutati, alla luce della scienza moderna, i vantaggi dei cibi lasciati allo stato naturale, rispetto a quelli che subiscono cotture più o meno prolungate (con il conseguente decadimento di molti principi nutritivi essenziali, quali vitamine, proteine, sali minerali persi nell'acqua di cottura, ed enzimi) oltre che varie trasformazioni, come l'irraggiamento, o aggiunte, quali i conservanti, i coloranti, eccetera.

Nella terza sezione, *In pratica...*, viene illustrato concretamente come modificare gradualmente il nostro tipo di alimentazione per arrivare a nutrirci sempre di più con cibi lasciati allo stato naturale. Sono descritti anche i metodi migliori per la conservazione degli alimenti crudi, nonché, nel capitolo 'Ricette facili per tante occasioni', molti menù per le diverse ore del giorno e per varie situazioni. Imparerete così nuovi modi per fare colazioni sane ed energetiche. Potrete sbizzarrirvi nel realizzare semplici ma gustosissimi piatti in ogni stagione dell'anno. Scoprirete idee originali per numerosissime occasioni e vi renderete conto che la cucina con cibi crudi è molto ricca, varia e appetitosa, oltre che, naturalmente, molto sana...

Infine, nell'*Appendice bibliografica e documentaria*, potrete trovare indicazioni per ulteriori letture che vi permetteranno di approfondire gli argomenti trattati in questo libro.

UN PO' DI STORIA

La mela di Adamo ed Eva era cruda

Se pensiamo al paradiso, ce lo immaginiamo come un grande giardino rigoglioso, pieno di vegetazione lussureggiante, con alberi, arbusti e rampicanti d'ogni genere ricchi di fiori colorati e di profumatissimi frutti, maturi al punto giusto e pronti per essere colti dalla mano dell'uomo, senza fatica.
Insomma, l'ideale paradisiaco è quello di cibarsi con facilità, raccogliendo i frutti spontanei senza dover né produrre né trasformare...
Secondo la Bibbia, dover faticare e sudare per strappare al suolo i suoi prodotti è stata la grande condanna per il genere umano disobbediente. E l'uomo ha aggiunto un'ulteriore fatica (che però in genere è riservata alla donna...): trasformare il cibo, farlo diventare una cosa diversa dal prodotto di origine, usando soprattutto il calore.

Nessun animale ha mai esposto il suo cibo a trattamento di calore. Soltanto l'animale che vive con l'uomo e riceve il cibo dalle sue mani si è adattato a mangiare alimenti cotti (e ne sopporta le conseguenze!).
L'uomo si vanta di questa sua 'diversità': per lui ogni trasformazione della natura è sinonimo di 'cultura' e come tale è accettata e promossa in modo spesso acritico. La sua convinzione arriva al punto che il livello di civiltà di un popolo si giudica spesso dalle attrezzature usate per trasformare il cibo, mentre un popolo che si nutre di alimenti crudi e lasciati allo stato naturale è considerato 'primitivo'.

La 'gastronomia' può considerarsi tale solo se sottopone ogni alimento a elaborazioni, con lunghe cotture e ricotture, al punto da rendere spesso irriconoscibili le materie prime di partenza. Altrettanta arte occorre poi per ridare ai cibi il colore e l'aspetto invitante che ha perso durante questi trattamenti (o meglio, maltrattamenti). Per farsi perdonare di tanto scempio, il maître fa portare in tavola un bel vassoio di frutta fresca, dai colori e aromi seducenti (ma ciò avviene proprio alla fine del pasto, quando la frutta 'farà a pugni' con i cibi cotti ingeriti prima...).

La leggenda e la storia

C'è chi sostiene che l'eroe greco Prometeo, quando rubò il fuoco agli dei per portarlo agli uomini, riuscì ad averlo solamente a prezzo di una pesante maledizione: il fuoco avrebbe portato, assieme a facilitazioni e progresso, anche tanta miseria. E forse qualcosa di vero c'è in questa leggenda, perché, almeno in cucina, il fuoco ha mietuto e continua a mietere più 'vittime' delle guerre e delle calamità naturali.

Ma forse le cose sono andate in modo molto meno poetico. I nostri antenati hanno probabilmente scoperto l'uso del fuoco in modo del tutto casuale, per esempio dopo un temporale e un conseguente incendio boschivo. Forse l'uomo ha trovato le carni di qualche animale rimasto intrappolato e semiarrostito e, da 'scimmia curiosa' qual è, le ha assaggiate, trovandole di suo gradimento...
Ma è altrettanto probabile che per molto tempo egli abbia continuato a cibarsi nel modo consueto e spontaneo, cioè con alimenti crudi. Soltanto il desiderio di ostentare opulenza, in occasione di feste tribali, in presenza di ospiti stranieri, lo avrà indotto a introdurre nuove pietanze, ottenute con l'intervento del fuoco (che effettivamente riesce a modificare notevolmente i sapori e a fonderli tra loro).

In poco tempo si diffusero migliaia di ricette, confidate in grande segreto o anche rubate, e probabilmente non passò molto tempo prima che si levassero voci ammonitrici che segnalavano i potenziali danni di una cucina basata prevalentemente su cibi cotti.
Poco si sapeva allora di vitamine, sali minerali ed enzimi, ma si poteva osservare che il cibo cotto induceva a mangiare di più e in modo più 'condito', portando gli epicurei nel corso degli anni a quei disturbi che oggi usiamo definire 'malattie degenerative' o 'della civilizzazione': obesità prima, problemi articolari, circolatori e metabolici poi.

Ci sono rimaste le testimonianze di grandi medici e filosofi di tutti i tempi che ammonivano contro le intemperanze e, in modo implicito o esplicito, invitavano a tornare ad alimentarsi in modo più sano e più natura-

Quale condanna più triste per il genere umano che quella di dover faticare per vivere? E l'uomo, almeno per quanto riguarda l'alimentazione, ha preso alla lettera il dettato divino, addirittura rendendo più drammatica la sua situazione. Ha inventato infatti modi sempre più elaborati e raffinati per modificare i frutti che la natura offriva spontaneamente... allontanandosi dalla schiettezza, dalla semplicità del paradiso terrestre... lavorando sempre di più... e nutrendosi sempre peggio...
Nell'illustrazione, *Eva riceve la mela* di Henri Rousseau, Amburgo, Kunsthalle.

le. Fra gli esempi, Ippocrate, il grande medico greco (circa V-VI secolo a. C.) e Catone, il noto uomo politico e studioso romano.
Questi predicatori erano però poco ascoltati, perché l'essere umano purtroppo è portato a scialare... prima di aprire gli occhi davanti alle cause dei suoi malanni.
E così moltissime specie vegetali (secondo i botanici se ne contavano decine di migliaia) si estinsero perché l'uomo non le seppe più riconoscere come cibo ma, giudicandole infestanti, le sradicò per far posto alle coltivazioni di pochissime specie.

Sane abitudini alimentari

Abbiamo avuto, fino a non molto tempo fa, la possibilità di confrontare la nostra salute, la nostra longevità e la nostra prestanza, in tutti i campi, con quella di popoli vissuti in modo 'naturale', con un tipo di alimentazione quasi esclusivamente a base di alimenti crudi. Un esempio molto noto e significativo è quello degli Hunza, un popolo della zona settentrionale dell'India, al quale fece riferimento lo scrittore greco Plutarco, parlando di una popolazione particolarmente felice. Una delle ragioni della loro felicità era senz'altro il fatto che gli Hunza ignorassero praticamente non solo l'esistenza delle malattie ma anche della fatica fisica (e forse addirittura della vecchiaia: sembra infatti che arrivassero a ragguardevoli età in perfetta forma psico-fisica). Inutile dirlo, questo popolo da sempre si nutriva di alimenti prevalentemente vegetali e quasi sempre crudi e non conosceva le sostanze tossiche che a noi sembrano tanto necessarie. Una vita semplice e laboriosa ma invidiata da chiunque avesse avuto modo di conoscerli, tra cui l'esploratore inglese Robert McCarrison, nella prima metà del nostro secolo.

Un altro esempio è la cosiddetta 'valle della longevità' con il villaggio di Vilcabamba in Ecuador, nelle Ande, dove i centenari sono molto numerosi. In queste zone è considerato del tutto normale avere un'intensa attività sessuale fino a ottant'anni e oltre. Indubbiamente i fattori climatici hanno la loro importanza nel benessere di questi popoli, ma probabilmente il motivo principale è l'isolamento delle zone montane che ha permesso di mantenere abitudini di vita e di alimentazione naturali e sane.

Quando queste popolazioni vengono a contatto con la 'civilizzazione' e si 'convertono' ai cibi denaturati, conservati e, ovviamente, trattati e bistrattati con il calore, si nota un fatto piuttosto curioso. Essi perdono rapidamente le caratteristiche che li distinguevano da noi. Non solo, ma nel volgere di una sola generazione o anche meno, troviamo in questi popoli tutti i flagelli della nostra civiltà, a partire dalla carie fino ai tumori. Pare addirittura che alcune di queste persone si ammalino più facilmente di noi e in modo più grave.

Forse ciò accade perché loro non hanno avuto quel lungo periodo di adattamento che, anche se a costo di degenerazioni e indebolimenti, noi abbiamo avuto. Si trovano perciò più indifesi. È anche assai verosimile l'ipotesi che il desiderio di 'recuperare', di mettersi al passo con noi, li renda più ingordi, consumatori più sprovveduti di quello che siamo noi.

La cultura del fuoco

Ci troviamo, davanti al fuoco, di fronte a un amico-nemico. Il fuoco devasta, distrugge e brucia (se divampa incontrollato), privando l'uomo di ogni risorsa, ma è all'origine della tecnologia umana, nel momento in cui viene domato, dosato e usato con parsimonia.
Un discorso analogo si può forse fare per il cibo. Il calore usato in modo eccessivo è sicuramente letale per ogni alimento, ma questo non significa che dobbiamo mangiare esclusivamente le carote così come le tiriamo fuori dalla terra. Lo stesso fatto di grattugiarle, magari con l'aiuto di un elettrodomestico, implica l'impiego di energia elettrica...

La donna, la casa, il fuoco... e il cibo

Così come le Vestali, le sacerdotesse della Roma antica, erano le custodi del fuoco, ed erano votate alla dedizione assoluta pur di conservare all'umanità la sua continuità (venivano infatti sepolte vive se lo lasciavano spegnere), la donna è, o almeno è stata per molti secoli, la custode del focolare, il simbolo della casa, della sicurezza, della continuità della famiglia.
Tornare a casa significava per l'uomo trovare un ambiente caldo e accogliente, un fuoco acceso dove potersi asciugare e riscaldare. Purtroppo si è instaurata anche la tradizione del pasto caldo, diventato quasi simbolo delle cure materne, delle attenzioni rivolte ai propri cari. Il fuoco acceso si prestava bene a trasformare le materie prime, a presentarle sotto diversi aspetti. Così ora ci troviamo di fronte a un mito difficilissimo da distruggere.

Questo non è certamente l'unico aspetto del rapporto fra il cibo e la donna. Nel periodo in cui i nostri antenati decisero di dedicarsi alla caccia o alla pastorizia si cominciarono a dividere i compiti 'maschili' da quelli 'femminili'. L'uomo si dedicava a inseguire la selvaggina o a condurre le greggi in pascoli idonei, mentre la donna restava a casa, vicino al focolare appunto, a occuparsi particolarmente della raccolta e della coltivazione dei cibi vegetali. La stessa preparazione del cibo veniva in genere divisa a seconda della provenien-

Il mito di Prometeo costituisce un importante momento
evolutivo nella storia dell'uomo. «...Ho liberato gli uomini
dall'ossessione della morte... ho posto in loro le aquile della
speranza... ho regalato loro il fuoco... da esso apprenderanno
innumerevoli arti...» dice il titano Prometeo nel dramma
Prometeo incatenato di Eschilo, il poeta tragico greco
del V secolo a.C.
Ma purtroppo il fuoco, per quanto riguarda gli alimenti,
è più nocivo che altro: i principi nutritivi contenuti nei cibi
crudi vengono denaturati a contatto con il calore (anche
piuttosto basso, anche per poco tempo). La ricerca di sistemi
più semplici di elaborazione degli alimenti, di cibi naturali,
di cibi crudi non è una 'moda': è la risposta alle più serie
e aggiornate preoccupazioni della scienza nei confronti
del problema alimentare. Nell'illustrazione *Il Prometeo
incatenato*, dipinto di Gustave Moreau, 1880.

za: gli uomini squartavano le prede, le donne preparavano i semi, le bacche e i frutti.
Nei secoli più vicini a noi, il contadino consumava ancora buona parte di alimenti allo stato naturale, cioè crudi, mentre le tavole dei signori e poi dei borghesi erano sempre più ricche di gusti nuovi, di piatti cucinati sul fuoco, a volte anche per ore, segno di una particolare 'cura' nella preparazione.

A queste abitudini si aggiunsero le scoperte di Louis Pasteur (1822-1895, il chimico e biologo francese che iniziò una nuova epoca nella cura delle malattie infettive) e di altri ricercatori che individuarono nei microrganismi potenziali fattori patogeni e che, in perfetta buona fede, consigliarono di uccidere o bloccare questi microrganismi mediante il calore. Dalla morte di L. Pasteur è passato meno di un secolo, e il fatto di avere, nel frattempo, scoperto metodi migliori per difenderci dagli attacchi dei germi (conservando nel contempo tutti quei preziosi elementi vitali che il calore distrugge) non ha ancora toccato tutti gli strati della popolazione.

I grandi pregiudizi sono duri a morire

Sopravvivono anche oggi molti errori e pregiudizi che, come le abitudini, sono difficili da mutare. Vediamone alcuni.

Il cotto è più digeribile
È falso. Gli alimenti crudi sono ricchi di fibra, in passato considerata 'zavorra' inutile. Oggi si riconosce invece l'utilità delle fibre, anzi la loro necessità per un'alimentazione sana ed equilibrata. La cottura inoltre distrugge gli enzimi e i coenzimi, che rendono più facilmente digeribile qualsiasi tipo di cibo. Torneremo su questo argomento tra poco.

Il cotto è più nutriente
È falso. Con la cottura si ottiene un cibo più concentrato in quanto è evaporata dell'acqua. Ma al tempo stesso si è ridotto il valore alimentare del cibo, perché si sono distrutti molti principi nutritivi. Parleremo più in dettaglio anche di questo punto.

Le proteine cotte vengono assimilate meglio di quelle crude
È falso. Anzi, la cottura altera la struttura delle proteine, denaturandole e rendendone, in alcuni casi, più difficoltosa la digestione. Gli esempi sono numerosi, e anche questo argomento merita un approfondimento. ▶

Il cibo caldo scalda
Mangiare una minestra calda in una giornata umida e fredda in inverno conferisce certamente un senso di benessere. Ma l'idea che il cibo crudo, mangiato a temperatura ambiente, faccia sentire freddo, corrisponde a un pregiudizio facile da sfatare, osservando quelle persone che sono da anni abituate a nutrirsi con alimenti crudi. Queste persone infatti possiedono il miglior sistema di termoregolazione immaginabile e non soffrono mai il freddo. Ascolteremo la loro testimonianza (*vedi* il capitolo 'Come cambiare le abitudini alimentari'), ma intanto può convincerci qualche 'esperimento' personale.

Il cibo cotto è più igienico
È falso. Ovviamente è sempre necessaria una corretta igiene nella preparazione e conservazione dei cibi, oltre a un severo controllo della loro origine. Comunque, la cottura non rende affatto immune da tutte le affezioni, e il cibo, una volta cotto, deteriora altrettanto velocemente, se non di più, di quello crudo. Non a caso, per una corretta conservazione, ci serviamo oggi proprio del freddo. Mentre in passato erano a nostra disposizione solo le cantine o le grotte naturali fresche, oggi ogni casa ha il suo frigorifero e spesso anche il congelatore.

Presentare un cibo cotto dimostra l'impegno della 'buona' madre di famiglia
È falso. A seconda del tipo di pasto, la preparazione del cibo crudo può essere altrettanto laboriosa di quella del cibo cotto. Inoltre, conservando la croccante freschezza, i colori e tutte le altre proprietà organolettiche, gli alimenti crudi sono più invitanti di quelli cotti e si prestano a decorazioni molto belle da vedere.

Il cibo cotto sazia di più
È falso. Basta fare qualche piccola prova per convincersi del contrario. Prendete una certa quantità di carote, pomodori, cavoli, sedano, cipolle o anche di carne, e fatela cuocere. Per saziarvi dovrete mangiare una quantità ben maggiore rispetto agli stessi cibi lasciati allo stato crudo.

Il cibo crudo gonfia
È falso. Solo chi non è abituato a mangiare alimenti crudi può avere difficoltà iniziali di adattamento che però si superano velocemente. Occorre prestare attenzione anche alle corrette combinazioni alimentari. Ben presto si noterà che è proprio il cibo crudo, correttamente consumato, a conferire quella linea che tanto si desiderava (e che invano si inseguiva con le diete).

Per le cure dimagranti è preferibile il cotto
È falso. Come vedremo tra poco, il cotto è in genere un cibo 'sbilanciato', che induce a mangiare più del necessario per compensare determinate carenze. È molto più facile dimagrire e mantenere un peso forma con alimenti naturali e crudi.

▷
Come si può resistere, di fronte al profumo di certi arrosti, delle salse preferite?
Affronteremo anche questo argomento nel corso di questo libro, parlando del nostro istinto in campo alimentare e del fattore 'olfatto'.

Preparare le verdure crude è lungo e laborioso
Come può fare una donna che lavora? La bistecca e la pasta asciutta sono più comode e veloci. Questo fatto è vero e falso nello stesso tempo. Certi piatti crudi richiedono effettivamente un po' di cura e di tempo. Altri invece sono velocissimi da preparare, come e più della bistecca. Questi ultimi quindi vengono incontro proprio all'esigenza di preparare un pasto appetitoso e nutriente in tempi ridotti. Nel capitolo 'Ricette facili per tante occasioni', troverete molti spunti per conciliare il tempo con la salute.

Le conserve in scatola e i surgelati sono molto comodi
Si fa la spesa meno spesso e si risparmia tempo. È vero, anche se con riserva. Effettivamente è consigliabile consumare i cibi crudi, almeno la maggior parte di essi, nel più breve tempo possibile. Comunque esistono anche qui le eccezioni, e, negli altri casi, ci si può organizzare. Vedremo in seguito come.

Nessuno mangia soltanto alimenti crudi
Al ristorante non si può chiedere un pasto totalmente a base di cibi crudi... È falso. Esistono infatti molti alimenti crudi nelle liste di quasi ogni ristorante. Forse non ci abbiamo mai fatto caso, ma la varietà di cibi crudi che troviamo anche al ristorante è notevole e ci permette di comporre un menù sano e crudo, anche mangiando fuori casa.

Se in passato la donna, custode del focolare, si è caricata della responsabilità di presentare ai suoi cari cibi 'uccisi', o comunque resi meno salutari, con la cottura, oggi ha la possibilità di redimersi, di cambiare rotta. Gran parte dei medici nutrizionisti sono donne, il mestiere di dietiste è già 'femminile' per tradizione, e molte cucine sono dirette da donne. Troviamo persino qualche esempio di donna 'chef' di grande albergo o ristorante, professione per tradizione maschile.

In passato, nutrirsi era una necessità e, in senso culinario, un'arte. Oggi è anche una scienza. Questo ci porta inevitabilmente a una sempre maggiore rivalutazione dell'alimento crudo. E ciò non soltanto a casa, ma anche e soprattutto nelle grandi strutture: nelle mense

Nei ristoranti incontriamo molti piatti a base di cibi crudi
o semi-crudi: dalle insalate miste alle alici macerate nel limone,
dalla bistecca tartara (che si può fare anche con il pesce),
ai crostacei e frutti di mare, fino ad arrivare al 'Carpaccio',
a base di manzo crudo, 'inventato' da Giuseppe Cipriani
dell'Harris Bar di Venezia e ora conosciuto e apprezzato
ovunque.
Il 'Carpaccio' si ottiene affettando sottilissimo, a macchina, il
controfiletto di manzo. La carne viene quindi condita
con olio d'oliva, limone, sale e pepe. Si possono aggiungere,
a piacere, funghi crudi, scaglie di formaggio, foglie di rucola,
eccetera.
Per preparare la famosa 'salsa dell'Harris Bar', sbattete
due tuorli d'uovo freschissimi (dose per 400 g di carne)
con 200 g circa di olio extravergine, sale e mezzo cucchiaio
di limone, come per una maionese. Durante la lavorazione,
incorporate mezzo cucchiaino di senape in polvere e un cucchiaio
di aceto bianco. Unite alla fine qualche goccia
di Worchestershire Sauce.

aziendali e scolastiche e soprattutto negli ospedali. In questi ultimi (dove notoriamente il cibo, cotto ore prima e tenuto in caldo, è non solo poco appetibile ma anche poco vitale) il personale ospedaliero, spesso costretto a mangiare lo stesso vitto dei pazienti, è tra i primi clienti del dietologo o del nutrizionista, alla ricerca di rimedio...

E, in fondo, il crudo può venire incontro anche ad alcune esigenze della nostra epoca:
— meno tempo disponibile per la preparazione del pasto;
— necessità di sentirsi leggeri e in forma;
— desiderio di restare in linea e in buona salute.

Crudo o cotto?
Opinioni a confronto

In campo alimentare, più che in qualsiasi altra disciplina, esistono teorie divergenti, ognuna difesa con notevole accanimento. Vediamone alcune, in modo particolare riferite al problema 'crudo o cotto?' per poterne trarre utili insegnamenti.

Gli Esseni, precursori degli igienisti moderni

Gli Esseni erano una setta ebraica (II secolo a.C.-I secolo d.C.) che viveva sul Mar Morto osservando regole monastiche assai severe, in attesa del Messia. Sono stati ritrovati, pochi anni orsono (dal 1947 in poi), importanti manoscritti che fanno luce sulle abitudini e la filosofia di questa comunità. Le norme alimentari di questa setta sono bene riassunte nel *Vangelo esseno della pace*. Si tratta probabilmente di un vangelo apocrifo che riporta molti presunti insegnamenti di Gesù. Le norme di vita consigliate assicurerebbero la pace dell'anima già durante l'esistenza terrena e il sistema sicuro per raggiungere la vita eterna.
Si attribuiscono a Gesù, tra l'altro, queste parole:
«Ma io vi dico: non uccidete né uomini, né animali, né il cibo che va nella vostra bocca. Perché, se voi vi nutrite di cibi vivi, questi vi vivificheranno, ma se voi uccidete il vostro cibo, il cibo morto vi ucciderà. Perché la vita viene dalla vita e dalla morte viene sempre la morte. Perché tutto ciò che uccide il vostro cibo, uccide anche le vostre anime. E i vostri corpi diventano ciò che voi mangiate, come le vostre anime diventano ciò che voi pensate. Perciò non mangiate ciò che il fuoco, il gelo e l'acqua hanno distrutto. Perché i cibi bruciati, gelati o decomposti bruceranno, geleranno e decomporranno anche il vostro corpo.
... E non preparate i vostri cibi con il fuoco della morte che uccide i vostri cibi come pure i vostri corpi e le vostre anime.
... Pertanto, preparate e mangiate tutti i frutti degli alberi e tutte le erbe dei campi buoni da mangiare e il buon latte degli animali, perché tutti questi cibi sono alimentati e maturati dal fuoco della vita.

... Lasciate che gli angeli di Dio preparino il vostro pane. Bagnate il vostro grano ... Mettetelo all'aria ... e lasciatelo dalla mattina alla sera al sole ... Poi frantumate il grano e fatene delle sottili cialde ... mettetelo poi di nuovo al sole al suo apparire e quando il sole sarà più alto nel cielo, girate le cialde dall'altra parte e lasciatele lì fino al tramonto.
... Non cucinate, non mescolate tutte le cose, le une con le altre... Fate che il peso del vostro cibo giornaliero sia non meno di una mina (circa cinquecento grammi) ma che non superi le due.
... Respirate a lungo e profondamente durante tutti i vostri pasti... e masticate bene con i denti il vostro cibo, affinché il cibo diventi liquido...e mangiate lentamente.»

Questa, come si può notare, è una serie di regole di vita preziose, anche al di fuori dal loro contesto religioso. Tant'è vero che ritroviamo gli stessi insegnamenti riproposti da vari ricercatori in diverse epoche, e in modo particolare nel nostro secolo, che si è allontanato più che mai in precedenza dalla vita naturale.

H.M. Shelton e gli igienisti

Herbert M. Shelton, medico americano, pioniere nel campo delle scienze dell'alimentazione, riprende, nei suoi molteplici scritti, l'insegnamento del *Vangelo esseno della pace*, sviluppandolo e spiegandone le ragioni in modo comprensibile per gli uomini della nostra epoca.
Uno dei capisaldi dell'alimentazione proposta da H.M. Shelton e dagli igienisti riguarda appunto il cibo crudo. Essi consigliano di lasciare gli alimenti al loro stato naturale, di non denaturarli in alcun modo per favorire le capacità rigenerative dell'organismo in caso di malattia. Ciò permetterebbe di 'costruire' una salute salda e duratura. Fanno parte degli insegnamenti di questa scuola anche le corrette combinazioni alimentari e l'uso del digiuno.

Altri studiosi di problemi alimentari, vissuti intorno alla fine del secolo scorso e nella prima metà del nostro, hanno fatto proposte simili. Ne citiamo alcuni.

Max Bircher Benner

Max Bircher Benner è il medico svizzero, ricordato oggi soprattutto per il müesli che ne porta ancora il nome (Birchermüesli: spiegheremo come si ottiene, nella sezione dedicata alle ricette) che propugnò, deriso ed emarginato dai colleghi medici del tempo, un'alimentazione naturale, inserendo largamente i cibi crudi. La frutta, le verdure, le noci e gli altri semi oleosi, i cereali sotto forma di fiocchi (quindi quasi crudi) costituiscono la base della sua famosa 'colazione'.
Il regime da lui proposto non è del tutto vegetariano o crudivoro, ma consiglia di attenersi il più strettamente possibile a una tale regola.
Esiste tuttora in Svizzera, nei pressi di Zurigo, una clinica Bircher Benner dove si praticano cure disintossicanti e terapie d'urto per casi clinici particolari. La base del trattamento, inutile dirlo, è il fattore dietetico.

Mohandas K. Gandhi

Mohandas K. Gandhi, il noto uomo politico indiano, detto anche il *Mahatma* (grande anima), nel suo libro *Regime e riforma alimentare*, pubblicato nel 1949, afferma: «Per liberarsi di una malattia occorre sopprimere l'uso del fuoco, nella preparazione del pasto».

John Harvey Kellogg

John Harvey Kellogg, medico chirurgo statunitense, è noto oggi soprattutto per i fiocchi di cereali che portano ancora il suo nome. Egli affermò che quasi tutte le malattie croniche sono dovute direttamente o indirettamente all'effetto dei veleni assorbiti a livello intestinale, a causa dell'alimentazione errata. Il cibo, sostenne, è troppo cotto e contiene troppe poche fibre.

W. Kollath

W. Kollath, medico statunitense, viene ricordato oggi grazie a un tipo di colazione (o merenda) da lui 'inventata', a base di cereali, latte e frutta. Gli ultimi sono rigorosamente crudi; i cereali sono sotto forma di fiocchi oppure finemente macinati. W. Kollath è fautore dei metodi naturisti, nella vita di tutti i giorni e nella cura delle malattie. Propone quindi un'alimentazione essenzialmente cruda, moderata e con pochi elementi di origine animale.

Fra gli illustri personaggi che hanno consigliato di lasciare gli alimenti al loro stato naturale, di non denaturarli in alcun modo per favorire le capacità rigenerative dell'organismo in caso di malattia, va citato anche Mohandas K. Gandhi.
I suoi precetti alimentari si trovano nelle sue raccolte di scritti, tra cui *Guida alla salute* e *Regime e riforma dietetica*.
In quest'ultimo testo c'è un intero capitolo dedicato allo yogurt, cibo 'vivo' per eccellenza, visto come uno degli alimenti che avrebbe potuto contribuire alla soluzione del problema della fame in India. Fa parte degli insegnamenti di M.K. Gandhi anche l'uso del digiuno, che praticava regolarmente e che teorizzò come metodo di lotta non violenta, oltre ad apprezzarne il grande valore, sia sul piano fisico sia spirituale e morale.

Are Waerland

Are Waerland, svedese, diffuse il risultato delle sue ricerche e sperimentazioni, effettuate prima di tutto su se stesso, in tutta Europa, tramite viaggi, conferenze, scritti e la fondazione di pensioni e cliniche (in questo aiutato dalla moglie Ebba).
Egli propone un'alimentazione basata soprattutto su cibi crudi. Importanti successi vennero e vengono tuttora ottenuti con la dieta da lui proposta nei casi di artrite, reumatismi, gotta e intossicazioni diffuse.
Pur non rinnegando in generale il pane di cereali integrali per i pazienti sofferenti di iperacidità (e sono molti, secondo lui), egli consiglia un'alimentazione quasi esclusivamente basica, cioè alcalina, che esclude persino i cereali e prevede un pane preparato soltanto con verdure asciugate a fuoco lento nel forno. Il suo digiuno disintossicante propone succhi di verdure crudi nonché qualche brodo ben filtrato di verdura e tisane (uno strappo quindi alla regola del 'tutto-crudo').

Gayelord Hauser

Gayelord Hauser è un popolare autore di scritti di divulgazione scientifica statunitense. Propone un generoso uso di verdure e frutta centrifugati freschi, inseriti in un regime meno rigoroso di quelli precedentemente citati. Egli consiglia di ricorrere regolarmente a integratori alimentari, ovviamente crudi, come il lievito di birra, il germe di grano, la melassa nera, nonché lo yogurt.

Walter Schoenenberger

Walter Schoenenberger è un botanico tedesco, fondatore di una nota casa produttrice di succhi a base di piante officinali. Egli diede un notevole impulso alla teoria alimentare del 'crudo'. Consapevole del fatto che il calore uccide le sostanze vitali di un succo e che i conservanti ne compromettono la bontà, ma che la preparazione fresca, come quella che si fa a casa, è spesso difficile se non impossibile (per esempio per determinate piante legate a precise stagioni), egli cercò e sviluppò un nuovo metodo di estrazione. Il suo metodo è particolarmente delicato e viene effettuato entro poche ore dal raccolto (in campi esenti da trattamenti chimici). L'estrazione è seguita da una tecnica di imbottigliamento e conservazione che ricorre a un calore breve e molto moderato (mentre i succhi in commercio subiscono tutti un trattamento termico piuttosto forte).

Rudolf Breuss Rudolf Breuss è un terapeuta naturista austriaco. Fece ricorso a una particolare forma di digiuno, per la cura di molte malattie, anche molto gravi. Per un periodo variabile da tre a quarantadue giorni, ci si dovrebbe nutrire esclusivamente di succhi vegetali freschi e crudi (appena estratti oppure nella speciale miscela che ha preso il suo nome, appunto il succo Breuss) nella quantità di mezzo litro al massimo al giorno. Si possono bere, durante questo 'digiuno', anche acqua a volontà e tisane.

Altri studiosi Altri nomi di rilievo che hanno esposto i vantaggi degli alimenti crudi sono M.U. Bruker, medico tedesco, Paavo Airola, medico statunitense, C. Kousmine-Meyer, dottoressa svizzera.
Certamente non ultimo in ordine di importanza è Luciano Pecchiai, il ricercatore italiano 'padre' dell'Eubiotica.

Confortati da tante e tanto autorevoli voci in favore degli alimenti crudi, siamo ora pronti al confronto con alcune altre voci che, anche se per nulla contrarie al cibo crudo, propongono tuttavia una certa utilità degli alimenti cotti.

Adelle Davies Adelle Davies, ricercatrice e autrice statunitense, sostiene che l'organismo sotto stress avrebbe un elevato consumo di determinate sostanze che solo un cibo molto concentrato (come le verdure cotte, l'estratto di fegato e simili) potrebbe reintegrare.
Questa affermazione, pur avendo una sua logica, è comunque in netto contrasto con il pensiero naturista che vede all'interno del cibo crudo un sinergismo perfetto, un'armonia di fattori vitali capace di intervenire anche nelle malattie più gravi.

Rudolf Steiner Rudolf Steiner (1861-1925), il fondatore del pensiero antroposofico, sostiene che in certi casi l'intervento del calore aggiungerebbe alla materia 'qualcosa' che questa prima non conteneva. Siamo qui di fronte a un'affermazione che poggia su un concetto filosofico più che su fondamenti scientifici.

George Ohsawa e la macrobiotica

Le regole della macrobiotica, dettate dal giapponese George Ohsawa, riprendono principi della medicina cinese. La base della macrobiotica è il cereale cotto, in quanto considerato *yang* (elemento maschile, di forza centripeta, asciutto, eccetera). Il cereale crudo, cioè il seme germogliato, sarebbe molto *yin*, così come pure la frutta, poco contemplata nell'alimentazione dei macrobiotici.

A parte il fatto che queste 'assegnazioni' al campo yang e yin a volte sembrano arbitrarie e non corrispondenti all'originale concetto zen, si constata che viene facilmente male interpretato il concetto filosofico (perché ancora di tale si tratta) 'yin e yang'. In Occidente infatti questi due termini vengono utilizzati spesso con un livello di valore, mentre in realtà in Oriente non sono mai stati intesi in questo senso. Yin-yang è un concetto, un aggettivo doppio che serve semplicemente a sottolineare i mutamenti dei cicli della vita in un qualsiasi suo settore. Yin e yang non sono forze opposte, ma complementari. Yin, nella sua massima espansione, contiene il nucleo yang, e viceversa...

In Occidente si tende a privilegiare oltre misura ciò che è yang, mentre gli orientali perseguono un perfetto equilibrio tra le due forze. Quindi, ammesso che la frutta o il germoglio siano yin, perché bandirli dalla nostra tavola?

LE RICERCHE DI OGGI

Alla luce della scienza moderna

Gli enzimi

La scoperta degli enzimi è frutto delle ricerche del nostro secolo. Gli enzimi (dapprima esaltati e poi dimenticati a favore di altre sostanze di importanza vitale venute alla ribalta nel frattempo) sono stati recentemente valorizzati da nuove analisi.
Probabilmente ci riservano ancora molte sorprese: anche se ormai ne sono stati identificati migliaia, quanti altri attendono di essere conosciuti?

Sappiamo comunque che ne esistono di diversi tipi. Gli enzimi digestivi, i primi a essere stati scoperti, sono in totale meno di due dozzine. I principali sono proteasi, amilasi e lipasi, cioè quelli addetti a scindere gli alimenti proteici, quelli amidacei e quelli lipidici.
Meno conosciuti, anche se assai più numerosi, sono gli enzimi metabolici.

In un primo momento gli enzimi furono considerati dei catalizzatori, sostanze cioè che agiscono su altre mediante la sola loro presenza, senza per questo combinarsi con esse, alternarsi o diminuire di quantità.

Uno dei fatti nuovi e importanti è invece che essi agiscono anche e soprattutto a livello biologico. Anche se sinora non si è riusciti a misurare e a sintetizzare la loro energia vitale, questa è comunque stata dimostrata.

C'è addirittura chi sostiene che il potenziale energetico dell'uomo sia legato alle sue riserve di enzimi. Queste ultime tenderebbero a esaurirsi in modo particolare con un tipo di alimentazione che richiede un loro forte consumo. Fautore di questa tesi è, fra gli altri, il medico statunitense Edward Howell.

E. Howell ha compiuto lunghi studi sull'attività enzimatica e ne ha concluso che il trattamento termico (la cottura) non solo denatura le proteine ma, uccidendo tutti gli enzimi naturalmente presenti nei cibi crudi, richiederebbe un maggiore impegno da parte del nostro organismo nel fornire gli enzimi necessari per la digestione (nell'uomo 'civilizzato' la produzione di enzimi digestivi è fortissima). Questo superlavoro porterebbe, tra l'altro, all'ingrossamento del pancreas. Secondo E Howell, la durata della vita sarebbe in proporzione inversa rispetto alla velocità metabolica e al dispendio energetico.

L'enzima giusto per il cibo giusto

Un fatto inconfutabile è che gli enzimi sono indispensabili a qualsiasi reazione chimica, all'interno del nostro organismo.
Ci potremmo chiedere: «Come facciamo ad assicurarci, in mezzo a tanti tipi di enzimi, quello giusto per digerire bene un determinato cibo, considerando anche che ne consumiamo quotidianamente molti e diversi?»
Fortunatamente, la natura ha già provveduto a tutto. Infatti molti alimenti, siano essi di origine vegetale o animale, contengono già parte degli enzimi indispensabili per la loro trasformazione e digestione. A un patto però: che l'alimento non venga denaturato, soprattutto che non venga esposto a temperature superiori ai 40 °C. Gli enzimi sono infatti, senza eccezione, estremamente termolabili, cioè soggetti a decomposizione o alterazione per effetto del calore.

Ogni cibo crudo contiene quindi, in misura abbondante, gli enzimi digestivi appropriati:
— nei latticini, negli oli, nei semi e nelle noci, alimenti con un elevato contenuto in lipidi, troviamo l'enzima lipasi, utile a digerire i grassi;
— nei carboidrati (come, per esempio, nei cereali) troviamo una preponderanza di amilasi e quantità relativamente minori di lipasi e proteasi;
— le carni magre contengono molta proteasi sotto forma di catepsina, e poca amilasi;
— frutta e verdura contengono poca proteasi e una maggiore quantità amidasi.

L'elenco potrebbe continuare. Quel che importa sapere è che la natura ha provvisto ogni organismo vivente di enzimi specifici, atti a poter dapprima costruirlo, poi a decomporlo (o a farlo digerire).

Le 'miniere' di enzimi

Alcuni alimenti sono particolarmente ricchi di enzimi oppure se ne arricchiscono facilmente. Questi cibi sono quindi per noi particolarmente facili da digerire e, secondo E. Howell, ci fanno risparmiare un bel po' di energia vitale.

Il primo fra questi alimenti è il latte materno.
Anche il latte vaccino, come qualsiasi altro latte animale, è ricchissimo di enzimi che possono facilitare la digestione. Ciò a condizione tuttavia che il latte possa essere consumato crudo, nemmeno pastorizzato.
Vista la minor presenza di aterosclerosi e malattie similari nelle popolazioni che un tempo si nutrivano in prevalenza di latticini, è suggestivo pensare che l'enzima lipasi, contenuto nel latte, si affiancasse alle lipasi dell'organismo per migliorarne la digestione. I latticini possono crearci invece dei problemi se il calore ha distrutto gli enzimi naturali del latte.

Altri alimenti ricchissimi di enzimi sono quelli fermentati, purché, ovviamente, vengano consumati crudi.
Da molti millenni l'uomo ha scoperto che l'intervento di alcuni microrganismi presenti nell'aria ha diverse proprietà utili:
– conservare l'alimento per periodi anche molto lunghi;
– modificarne il gusto e l'aspetto;
– aumentare il valore nutritivo dell'alimento.

Alcuni formaggi fermentati tipici di alcune regioni sono un esempio di questa tradizione.
Lo yogurt, usato da secoli nei Paesi balcanici e arabi, è venuto di moda ora anche da noi, ma siamo soltanto agli inizi nella valorizzazione di questa miniera di salute.
I crauti e le altre verdure conservate sotto salamoia (che induce una fermentazione), ricchissimi di vitamine, sali minerali e, naturalmente, di enzimi, sono diffusi da tempo nei Paesi d'oltralpe e stanno incontrando crescente favore anche da noi. Consumare crudi i veri crauti preparati sotto sale (non sotto aceto) è una ghiottoneria tutta da scoprire (*vedi* il capitolo 'Ricette facili per tante occasioni').

Alcuni frutti, come la papaia, l'ananas e la mela, sono ricchi di enzimi che non solo favoriscono la digestione

di quel frutto ma anche delle proteine. Pertanto essi possono far eccezione alla regola che la frutta andrebbe consumata sempre lontana dai pasti.
La banana ben matura (ma purtroppo raramente la consumiamo così, per una sorta di abitudine acquisita) è considerata un frutto 'autodigerito'; l'enzima amilasi in essa contenuto trasforma l'amido del frutto (il venti per cento circa del suo contenuto) in zucchero, purché esso si trovi in un ambiente sufficientemente caldo. Circa il venticinque per cento di questo glucide è destrosio, che non richiede alcun lavoro digestivo. Quindi, cerchiamo di mangiare solo banane ben mature (riconoscibili dalla buccia quasi marrone e dalla polpa tenera e dolce) per digerirle bene.

Gli alimenti stagionati, come per esempio il pane raffermo (solo il vero pane integrale a grossa pezzatura si presta bene a questo scopo) sono praticamente predigeriti dal lavoro degli enzimi.

I germogli sono estremamente ricchi di enzimi, responsabili appunto della loro grande 'vitalità'. Un seme infatti è una specie di 'conserva' della natura, una pianta in attesa di nascere qualora si presentassero le condizioni favorevoli. A contatto con l'umidità, con la temperatura e l'intensità di luce idonee, gli enzimi entrano in attività e trasformano un cibo 'addormentato' in uno vitalissimo. (*Vedi*, nel capitolo 'Ricette facili per tante occasioni', come attingere a questo superalimento)

Il miele, quello integrale e non riscaldato, è ricco di enzimi, tra cui soprattutto amilasi. Questo enzima non è prodotto dalle api, ma da esse raccolto dalle piante dove è contenuto, sotto forma concentrata, nel polline. Poiché l'amilasi è l'enzima adatto a digerire gli amidacei, E. Howell suggerisce di spalmare il pane integrale di miele per ottenere una sorta di 'predigestione', appunto tramite l'amilasi del miele.
Possiamo attingere all'amilasi delle piante anche direttamente, consumando il polline. Questo è infatti uno degli integratori 'universali', adatto a ogni età e ad ogni stagione dell'anno.

Gli eschimesi consumano grandi quantità di carni e di grassi, eppure, contrariamente a quanto ci aspetteremo

Tutto ciò che si mette nel biberon potrà avvicinarsi di molto al latte materno per quel che riguarda il contenuto proteico, gli zuccheri e i grassi. Ma la scienza non è ancora riuscita a 'costruire' gli anticorpi che la madre passa al suo neonato come difesa contro le malattie, e nemmeno ha potuto inserirvi tutta la ricchezza di enzimi, di grande importanza anche per il bambino piccolissimo. Tutto infatti lascia supporre che sia merito anche degli enzimi contenuti nel latte materno se i bambini nutriti al seno hanno una morbilità (la frequenza percentuale di una malattia in una collettività) nettamente inferiore (il cinquanta per cento circa) rispetto a quelli alimentati con il biberon.

mo, le loro arterie sono rimaste piuttosto 'pulite' (almeno fino all'avvento del cibo industrializzato). Ciò avviene anche perché essi consumano carni, pesci, olio di fegato di merluzzo e altro, sempre crudi.
Eskimo è una parola derivata da un'espressione degli Indiani d'America e significa appunto 'egli lo mangia crudo'. La carenza di combustibile per cucinare regolarmente il cibo ha quindi salvato questo popolo da molti malanni di altri popoli viventi in climi più fortunati...

In Oriente si fa tradizionalmente molto più uso di cibi fermentati che non da noi. Molti di questi cibi ci hanno raggiunto e alcuni sono addirittura diventati parte abituale del menù di molte famiglie italiane. Pensiamo per esempio ai prodotti fermentati derivati dalla soia:
– il *tamari*, una salsa liquida, bruno scuro e molto aromatica che, attraverso una lenta fermentazione di almeno tre anni, si arricchisce enormemente di aminoacidi (che sono le unità costituenti le proteine in genere e gli enzimi in particolare) e di enzimi. Il tamari 'industriale', ottenuto in poche settimane o addirittura poche ore, non ha le stesse proprietà di quello ricavato con il procedimento tradizionale;
– il *miso*, il *tempeh*, il *tofu* sono altri esempi di cibi fermentati meno conosciuti da noi. Ne daremo comunque qualche ricetta più avanti;
– il *saké*, un 'vino' di riso fermentato, bevuto caldo, è una venerata specialità tradizionale del Giappone. Vale la pena di assaggiarlo, se ne capita l'occasione.

La frollatura della carne, necessaria per renderla morbida e più appetibile, è un altro esempio dell'intervento degli enzimi. In questo caso si tratta di un processo di decomposizione, ma al tempo stesso di predigestione. La carne cruda è in genere considerata più digeribile, ma è poco appetibile a molti di noi (almeno a coloro che non conoscono alcuni particolari metodi di preparazione). Ma senza frollatura la carne cotta resta piuttosto dura, troppo difficile da masticare e, secondo molti, anche meno gustosa.

Gli inibitori di enzimi

Abbiamo visto che gli enzimi sono i lavoratori instancabili che trasformano incessantemente la materia vivente. Non sempre questo rientra nel disegno della natura. Per esempio, se un seme germoglia e fa nascere una piantina in una stagione non idonea, questa muore in poco tempo. Quindi, per la sopravvivenza della specie, serve anche la presenza di inibitori, sostanze capaci di bloccare qualsiasi attività enzimatica (o soltanto quella di enzimi specifici). Questo meccanismo deve però essere reversibile, cioè, in presenza delle condizioni favorevoli per la specie, gli enzimi devono poter rientrare in attività.

Ogni seme possiede questo meccanismo. Un chicco di frumento o di avena (ammesso che lo si voglia masticare crudo oppure consumarne cruda la farina) non fornisce l'enzima necessario per la sua digestione. In certa misura, anzi, può svolgere funzione bloccante anche su alcuni enzimi presenti nell'ambiente (quello del nostro tratto digestivo, in questo caso).

I semi di cereali di solito si prestano poco a essere consumati crudi, così come sono. Diverso è il discorso per i semi oleosi, molto gustosi e ricchi di proteine, di lipidi e di vitamine liposolubili.

Alcuni alimenti che possono bloccare l'attività enzimatica

alimento	enzima bloccato
semi di frumento, mais, segale	amilasi
farina di frumento	tripsina
batata	tripsina
fagioli	tripsina
soia	tripsina, transamidasi
albume d'uovo	tripsina, chimotripsina, amilasi
orzo	tripsina
patata	amilasi, invertasi, chimotripsina
mango, papaia e banana acerbi	perossidasi, amilasi, catalasi
germe di grano	tripsina
semi di girasole	tripsina

▶

> arachide   tripsina, chimotripsina
> avena   tripsina
>
> Questa tabella è stata tratta dal libro *Enzyme Nutrition*, del medico statunitense E. Howell.

La soluzione migliore, per chi vuole nutrirsi solo di cibi crudi, è quella di far germogliare i semi. Come abbiamo già detto, la germinazione, o germogliazione, implica un fortissimo sviluppo di varie attività enzimatiche, probabilmente il più forte in assoluto. È sufficiente quindi esporre i semi a umidità, moderato calore e luce mitigata, per isolare i fattori bloccanti. Ciò permette di attingere a una fonte di enzimi quasi inesauribile. Chi si è trovato in condizioni particolari, per esempio durante lunghi viaggi in alta montagna, riferisce di aver risolto egregiamente il problema alimentare tenendo semi di cereali, oppure mandorle e nocciole, a lungo in bocca finché la saliva non avesse avviato il processo enzimatico. Questo tipo di cibo avrebbe conferito moltissima energia, senza l'inconveniente di pesanti provviste alimentari da trasportare.

Nel seme germogliato, inoltre, sono presenti più enzimi che non nel germoglio, cioè nella parte tenera e verde che spunta dal seme. È quindi consigliabile consumare sempre tutto il seme, compresa la radichetta e la parte verde. Il momento migliore è quando il germoglio ha raggiunto una lunghezza massima di mezzo centimetro. Più avanti il germoglio diventa più verde, più ricco di clorofilla ma meno ricco di enzimi, vitamine e sali minerali.

L'insegnamento degli scoiattoli

Questi piccoli roditori raramente mangiano le noci e le nocciole appena colte dall'albero. Le sotterrano accuratamente e le ritrovano dopo un certo periodo (quelle dimenticate possono dar vita a un nuovo albero e questo è un ingegnoso sistema della natura per assicurare il diffondersi di alcune specie). Lo scoiattolo non fa questo accantonamento solo per il periodo invernale, cioè per costituire delle scorte, ma anche durante il periodo estivo. Quando consuma il seme oleoso, esso è ormai in fase di germinazione o pregerminazione, ricchissimo di enzimi, preziosi per lo scoiattolo come per noi.

Per chi fa un uso moderato di noci e altri semi o anche di germe di grano, il fattore bloccante dell'attività enzimatica è di importanza relativa. Altri cibi crudi ricchi di enzimi riusciranno a compensare le eventuali carenze. Chi invece facesse grande uso di semi crudi nella sua alimentazione farà bene a farli germinare, fosse anche solo per alcune ore.

Le vitamine

Nei primi anni del nostro secolo, furono scoperte le vitamine e la loro importanza vitale per la nostra salute. La parola vitamina significa letteralmente 'amine della vita'. Queste sostanze sono indispensabili alle funzioni vitali e la loro carenza, anche solo di alcune di esse, può provocare disturbi anche molto gravi. Un esempio che tutti ricordiamo è lo scorbuto, malattia diffusissima in passato sulle navi che compivano lunghi tragitti e non avevano modo di rifornirsi di vegetali ricchi di vitamina C. (Un buon carico di limoni o di crauti ha risolto il problema a molti navigatori.)

Quel che è meno noto è che le carenze, anche poco manifeste, di alcune vitamine possono crearci molteplici disturbi che difficilmente riusciamo ad attribuire immediatamente alla loro vera causa.
Malesseri come stanchezza, stress, nervosismo, emicranie, abbassamenti della vista, dermatiti, disfunzioni intestinali e molti altri ancora sono talmente diffusi nella nostra attuale società che sono quasi considerati normali. Spesso basterebbe invece un'alimentazione più avveduta, più ricca di vitamine e di altre sostanze vitali per ovviare al problema.
Si noterà comunque che si digerisce meglio introducendo una maggior quantità di cibi crudi nell'alimentazione quotidiana in quanto le vitamine (alcune di esse sono coenzimi, sostanze indispensabili cioè all'attività enzimatica) facilitano la digestione, soprattutto delle sostanze proteiche.

Le vitamine sono tutte termolabili, cioè soggette a decomposizione o alterazione per effetto del calore, anche se in misura diversa.
La vitamina C, per esempio, viene distrutta quasi completamente a temperature superiori ai 40 °C. Le vita-

VITAMINE: ORIGINE ALIMENTARE E FUNZIONI

Vitamina	Origine alimentare	Funzioni
A	Uova, verdure (in modo particolare carote), frutta (in modo particolare mirtilli), fegato, latte e suoi derivati, olio di fegato di pesce	Necessaria alla crescita, protegge dalle infezioni, mantiene sani occhi e pelle
B_1	Carne, latte, lievito di birra, pane, patate, legumi secchi, uova	Necessaria alla crescita, protegge il sistema nervoso, contribuisce a liberare energia dai cibi
B_2	Fegato, lievito di birra, uova, pesce, latte, carne, pane	Necessaria alla crescita, protegge la pelle, le mucose in genere e la vista, contribuisce a liberare energia dai cibi
PP	Carne, pesce, fegato, pane e riso integrali, lievito di birra, legumi secchi	Necessaria alla crescita, protegge il sistema nervoso e l'apparato digerente, aiuta a liberare energia dai carboidrati, protegge la pelle
C	Verdura e frutta, in particolare agrumi	Necessaria alla crescita, protegge mucose e vasi sanguigni, potenzia la resistenza alle infezioni
D	Latte e derivati, uova, fegato, pesce	Necessaria alla crescita, controlla il metabolismo di calcio e fosforo, protegge lo scheletro e i denti
E	Latte e derivati, oli di semi, germe di grano e di mais, fegato, uova, piselli e fave, cereali	Necessaria allo sviluppo, protegge il sistema riproduttivo e il cuore
K	Verdure, soia	Permette la regolare coagulazione del sangue

mine del gruppo B sono più resistenti e possono reggere, almeno in buona parte, la cottura (per esempio dei cereali, nei quali sono presenti in abbondanza). In ogni caso, per assicurarci un apporto veramente ottimale di vitamine, bisogna ricorrere agli alimenti crudi.

Le temperature elevate non sono l'unica insidia per le vitamine. I vegetali coltivati con criteri biologici o biodinamici sono di norma molto più ricchi sia di vitamine sia di altre sostanze vitali.

La luce intensa può distruggere in poco tempo buona parte delle riserve di vitamine. Pertanto, l'olio andrebbe conservato in bottiglie scure e in armadi chiusi o in cantina, il più possibile al riparo dalla luce. Lo stesso vale per le verdure e la frutta. Questi alimenti, una volta colti, non solo temono la luce, ma anche l'aria, specialmente secca, e la temperatura, anche non molto elevata. È quindi buona norma riparare il più possibile la verdura che non si consuma subito da aria e luce (l'insalata, lavata e ben coperta, va riposta nella parte bassa del frigorifero). La frutta va lavata solo all'ultimo momento, altrimenti perderebbe la sua sottilissima patina protettiva che la ripara, entro certi limiti, e la fa raggrinzire in un tempo più lungo (e non sarebbe purtroppo solo l'aspetto a soffrirne...).

Lavando i vegetali si dovrà prestare attenzione a non lasciarli a lungo in acqua, né a sminuzzarli prima del lavaggio, per evitare una dispersione di vitamine. Per ottenere un lavaggio accurato di verdure molto piene di terra e sospette di essere state 'visitate' dalle lumache, usate abbondante acqua e cambiatela diverse volte. Utilizzate nell'ultimo risciacquo, sale, succo di limone o aceto di mele come aggiunta.

I sali minerali e gli oligoelementi

I sali minerali e gli oligoelementi sono almeno altrettanto importanti delle vitamine per la nostra salute e il nostro benessere. La maggior parte di essi è relativamente meno termolabile delle vitamine, tuttavia la bollitura ce ne priva, in quanto questi sali sono idrosolubili e purtroppo vengono in genere gettati con l'acqua di cottura.

Per il lavaggio valgono invece le medesime regole valide per le vitamine.
Per beneficiare di tutto il potenziale dei sali minerali, è preferibile il consumo di alimenti crudi.

Le 'vitalie'

Non tutte le sostanze che contribuiscono alla nostra salute sono finora state identificate, tuttavia si è potuto verificare, in vari modi, la presenza e l'importanza di nuovi elementi. Una scoperta abbastanza recente sono gli *auxoni*, presenti soprattutto nei cereali integrali. Si tratta di sostanze delicate al punto da deperire a causa di un prolungato contatto con l'aria o di una molitura come quella dei moderni molini a cilindro.
L'*aleurone* è un'altra di queste sostanze delicate, eppure assai preziose per la nostra salute. La sua estrazione (sempre dal frumento integrale) richiede procedimenti particolari e costosi. In compenso i risultati ottenuti in terapia (ma anche in cosmesi e nell'alimentazione) sono notevoli.
Secondo il pensiero naturista sarebbe meglio non arrivare all'estratto per supplire a carenze, ma ricorrere all'alimento vivo e integrale.

ELEMENTI MINERALI: ORIGINE ALIMENTARE E FUNZIONI

Elemento	Origine alimentare	Funzioni
Fosforo (P)	Cereali integrali, latticini, carne, uova, legumi secchi, pesce	Sviluppo e mantenimento di ossa e denti; importante nei processi vitali di trasferimento di energia e per la fissazione del calcio
Cloro (Cl)	Sale e alimenti salati, formaggi	Controlla l'equilibrio acido-base dell'organismo; regola la pressione e partecipa alla digestione degli alimenti
Zolfo (S)	Carne, pesce, uova, latte e formaggio, cereali, cavoli	Partecipa alla costruzione dei tessuti ed è un costituente di molte proteine
Calcio (Ca)	Latte e derivati (tranne il burro); farine integrali, pesce, uova, frutta oleosa, soia	Sviluppo e mantenimento di ossa e denti; interviene nella coagulazione del sangue e ha una funzione essenziale nelle attività muscolare, nervosa e cardiaca
Potassio (K)	Verdure, agrumi, cereali integrali, prugne e albicocche, latte, patate	Controlla l'attività renale, cardiaca e nervosa; favorisce la crescita e la riproduzione delle cellule; controlla l'equilibrio idrico dell'organismo
Sodio (Na)	Sale, pane, latte, cereali, alimenti di origine marina, carne, formaggi	Regola il funzionamento dei nervi, dei muscoli; controlla la sudorazione e l'escrezione dell'urina. Indispensabile per una regolare circolazione sanguigna e linfatica
Magnesio (Mg)	Verdure, cereali, semi oleosi	Controlla da ausiliario il metabolismo dei grassi, dei carboidrati e delle proteine; permette la normale funzione nervosa e muscolare
Ferro (Fe)	Fegato, uova, verdura a foglie verdi, legumi secchi, prezzemolo, carni rosse, cacao	Costituisce il nucleo dell'emoglobina, che serve al trasporto dei gas respiratori; favorisce la crescita

I possibili rischi degli alimenti

Alcuni pregiudizi legati agli alimenti crudi sono stati già analizzati e, speriamo, sfatati. Qualcun altro merita di essere osservato più da vicino, per poter decidere se e quando mangiare, in tutta tranquillità e sicurezza, dei cibi crudi.

I rischi degli alimenti crudi

Anzitutto conviene fare una divisione tra cibi di origine animale e vegetale, perché gli eventuali rischi sono di tipo diverso.

Alimenti di origine animale

Per quanto riguarda la carne, esistono diversi tipi di *enterobatteri* (batteri presenti nell'intestino degli uomini e di animali, talvolta patogeni) che possono provocare infezioni; tra questi segnaliamo:
– *Salmonella;*
– *Escherichia coli;*
– *Shigella;*
– *Campylobacter jejuni.*

La contaminazione da parte dei batteri di derivazione fecale nell'ecosistema è arrivata a livelli tali da rendere necessaria la massima igiene anche per gli alimenti cotti (per esempio, occorre tenere molto puliti il frigorifero e le dispense).
L'invasione di questi batteri può avvenire in qualsiasi tipo di carne, ma soprattutto in quelle ovine, caprine e suine. Di solito l'uomo è immunizzato (attraverso i frequenti, ma lievi, contatti). Il rischio può sussistere tuttavia per le persone con il sistema immunitario indebolito e per i bambini molto piccoli.

La *tenia* è un parassita giustamente temuto, ma per fortuna piuttosto raro. Chi desidera mangiare la carne cruda, farà bene a rivolgersi solo a fornitori di assoluta fiducia, che vendono bestiame cresciuto in modo sano e carni controllate, sia prima sia dopo la macellazione.

Per quanto riguarda i pesci, i frutti di mare richiedono particolari attenzioni, perché, oltre gli enterobatteri, vi possiamo trovare anche degli *enterovirus*. Un buon sistema per mangiarli in assoluta tranquillità è la mari-

natura (*vedi* la sezione di questo libro dedicata alle ricette).
Un parassita dei pesci è l'*anisachiasi*, un verme che si annida nelle loro viscere. Se i pesci non vengono prontamente eviscerati subito dopo essere stati pescati, le larve possono finire sulla nostra tavola (per esempio nel pesce affumicato crudo).

Le uova devono essere di origine sicura per poter essere consumate crude, altrimenti si potrebbero rischiare infezioni attraverso i germi fecali penetrati nel guscio. Ciò può avvenire nel caso di uova non fresche, soprattutto in seguito a sbalzi termici durante la catena del freddo.

Ultimamente persino il formaggio è stato causa di infezioni, anche se per fortuna molto rare. L'alimentazione dei bovini con foraggio proveniente da silos favorisce la listeriosi. Il latte non ne risente, normalmente, ma nel caso le mucche avessero una mastite oppure una partita di formaggio fosse contaminata occorre un'approfondita disinfestazione.

Alimenti di origine vegetale

Uno dei possibili rischi è determinato dalle coltivazioni che impieghino concimi di sintesi, dalle grandi monoculture, dalle sementi o dalle piante geneticamente così selezionate da essere meno immuni alle malattie. Eventuali antiparassitari possono trovarsi non solo in superficie o nella buccia, ma anche in tutto il frutto. Ciò avviene poiché sono sempre più diffusi gli antiparassitari sistemici, cioè che si diffondono attraverso tutto l'organismo vegetale.

Un altro fattore di rischio deriva dall'inquinamento atmosferico; un altro ancora dipende dagli eventuali parassiti annidatisi nella pianta o nel frutto. In questi ultimi due casi è sufficiente un lavaggio molto accurato e l'eliminazione di quelle parti che fossero state intaccate. Comunque, chi trovasse una mela bacata si rallegri: è molto probabile che si tratti di un frutto coltivato senza (o con pochissimi) interventi chimici: l'unico problema in questo caso è quello di sacrificare un pezzetto di mela...

Le grandi monocolture dell'agricoltura industriale stanno sempre più rivelando aspetti preoccupanti. L'aggressione dei parassiti dev'essere fronteggiata con l'impiego sempre più massiccio di antiparassitari... le malattie e le alterazioni a carico di organi come il fegato e il cervello sono sempre più diffuse nei lavoratori agricoli... le conseguenze sul consumatore dei prodotti così coltivati si stanno rivelando non meno allarmanti... Per fortuna da più parti si sta correndo ai ripari. Non soltanto i legislatori cominciano a rendersi conto di questo problema, ma i produttori, già da qualche anno, hanno iniziato a coltivare i loro campi in maniera più naturale. Si vedono sempre più spesso (e non solo nei negozi specializzati, ma anche sui banchi dei supermercati) frutti
e verdure coltivati in maniera biologica...

I rischi degli alimenti cotti

I rischi degli alimenti crudi sono quindi possibili, in determinate circostanze, ma si possono comunque evitare con una certa facilità.
I rischi degli alimenti cotti invece sono certi e irrimediabili. Tuttavia, si può stabilire una graduatoria tra i vari metodi di cottura.

Ogni intervento di calore che superi i 40 °C, anche soltanto per pochi secondi, uccide la vita (da un uovo fecondato non nasce più il pulcino, dal seme non nasce più la pianta...), inattiva gli enzimi ed elimina alcune vitamine. Ma questo non è il peggiore dei mali...
Un calore che superi infatti i 100 °C (per esempio nelle pentole a pressione, a seconda della regolazione della valvola, e in certe preparazioni industriali, in autoclave) distrugge certamente anche quelle vitamine che si sarebbero potute salvare con una cottura tradizionale. La denaturazione delle proteine è molto più incisiva ad alte temperature (come, per esempio, nel caso del latte a lunga conservazione, in autoclave e in altri processi industriali usati per preparare le conserve).

I metodi di cottura

Durante la bollitura i sali minerali, la maggior parte delle vitamine 'sopravvissute' e spesso anche gran parte del sapore restano nell'acqua di cottura. Nel caso che questa non si utilizzi per minestre, brodi o salse, si può optare per altri sistemi di cottura, con poca o addirittura senza acqua. La cottura in padella è uno di questi (i dietologi però sconsigliano vivamente i grassi fritti...). Le padelle con fondo speciale che impedisce agli alimenti di attaccarsi non sono neppure loro esenti da rischi. Se si surriscalda il fondo, infatti, si possono sviluppare sostanze tossiche.
Le friggitrici non risolvono certo il problema: in esse si riusa più volte lo stesso olio, che, proprio per questo, sviluppa sostanze decisamente dannose per il nostro organismo. Nei ristoranti e negli alberghi sarebbe quindi meglio astenersi dal consumo dei fritti (patate, fritto misto di pesce, eccetera) in quanto quasi sicuramente, per motivi economici, non viene sostituito l'olio a ogni preparazione di pasto.

Anche altri contenitori usati per la cottura possono essere pericolosi per la nostra salute, per esempio le pentole in alluminio (e le carte di stagnola nonché i cartocci di alluminio del rosticciere) poiché tracce di alluminio, un metallo tossico, si possono legare al cibo. L'acciaio inossidabile, la porcellana, il vetro pirex e soprattutto il coccio sono più sicuri. Il coccio viene spesso però decorato con smalti tossici. Nel caso di colori molto vivi (rosso e giallo brillanti) è meglio usare prudenza.

Fino a non molto tempo fa, si consigliava di ricorrere ai metodi più antichi per la cottura dei cibi, cioè alla fiamma diretta, alla carbonella o alla griglia. Si è però dovuto constatare che non sempre i nostri antenati usavano metodi più sani o più sicuri di noi. Si è visto infatti che i grassi che possono cadere sulla fiamma sviluppano sostanze potenzialmente cancerogene che penetrano nel cibo. La griglia inoltre sviluppa un calore molto forte che altera la struttura proteica. Insomma, quel sapore più ricco si può pagare caro...

Uno dei più recenti sviluppi della tecnologia ci ha regalato il forno a microonde, presente ormai in quasi tutti i ristoranti e in molte case. La sua comodità è indiscutibile, soprattutto per il riscaldamento dei cibi surgelati. La discussione sulla sua nocività è però ancora aperta, e molte voci si levano sui danni di un sistema di cottura così 'violento'. Il forno a microonde infatti impone alle molecole d'acqua un movimento così vorticoso da riscaldare, per effetto di frizione, tutto il cibo (nel quale essa è sempre contenuta in buona percentuale).

Una delle cose peggiori che si possono fare è cuocere due volte un alimento. Tutte le sostanze vitali che sono rimaste intatte dopo la prima cottura certamente vengono eliminate con la seconda. Basta a questo punto anche un riscaldamento molto breve per operare un grande danno. Se proprio si desidera mangiare un alimento caldo, è meglio mescolare continuamente il cibo, a fiamma molto bassa, fino a quando raggiunge i 38-40 °C. Poi andrebbe subito servito e consumato. Oggi impera la moda del 'precotto' e del 'semicotto': le focacce di cui si completa la cottura per consumarle fragranti, come appena fatte, le minestre pronte, in scatola o surgelate, e così via. In tutti questi casi non si tratta certamente di cibi sani.

bollitura in acqua
(1) cottura breve (da qualche secondo a qualche minuto): le verdure si rammolliscono leggermente, ma rimangono abbastanza croccanti.
Si parla, in questo caso, di verdure 'scottate' o 'sbollentate'. Questo modo di cottura, molto utilizzato in Asia, conserva alle verdure la quasi totalità delle loro vitamine, del colore e della consistenza. È molto adatta per il cavolo, gli spinaci, le carote e le bietole.

(2) cottura lunga: è valida soltanto se si recupera l'acqua di cottura. Consistente perdita in vitamine.

cottura a vapore
(la verdura viene messa in un cestino di metallo, non a contatto con l'acqua)

è valida per la maggior parte delle verdure, ma non dovete dimenticare che una parte delle vitamine e dei minerali passa nell'acqua (meno che con la bollitura in acqua).

stufato
(cottura in una casseruola a fondo spesso, con una piccola quantità d'acqua, perché le vedure non si attacchino sul fondo)

normalmente tutta l'acqua è evaporata o assorbita dalle verdure alla fine della cottura. Conserva tutti i sapori delle verdure ed è utilizzabile per la maggior parte di esse.

a pressione
(in poca acqua, 110-120 °C)

la distruzione delle vitamine è uguale a quella delle cotture precedenti.

fritto
(cottura in presenza di olio)

(1) in poco olio (soffritto): si tratta in realtà di una precottura, utilizzata soprattutto per le cipolle, le spezie, alcune verdure ricche di acqua; può essere valida se molto breve. La distribuzione delle vitamine è più importante che nelle cotture precedenti.

(2) verdure 'saltate' o fritte in tanto olio: la distruzione delle vitamine è notevole. Esiste inoltre il rischio della distruzione delle materie grasse e della produzione di sostanze tossiche se l'olio è troppo caldo e non viene cambiato spesso. Da utilizzare solo occasionalmente.

cottura sulla cenere e al forno
la cottura sulla cenere conviene solo per qualche tipo di verdura (patate, cipolle, barbabietole) cotta con la pelle: in queste condizioni infatti la perdita di vitamine è inferiore che con gli altri metodi di cottura.

La cottura al forno è di interesse limitato per le verdure: ne distrugge notevolmente le vitamine.

Stiamo parlando di alimenti crudi e abbiamo visto che l'unico modo di nutrirci senza alterare il valore nutritivo di un alimento è quello di mangiarlo mantenendolo il più possibile allo stato naturale. Non tutti i metodi di cottura però sono uguali: vediamo in questa tabella qualche differenza, per quanto riguarda le verdure.

Altri fattori negativi

A onor del vero bisogna dire che esistono, purtroppo, molti modi per 'uccidere' gli alimenti, per privarli della loro vitalità e del loro valore nutritivo. La cottura, o l'intervento del calore in genere, è forse il nemico peggiore del cibo, ma non è certamente l'unico:
– bisogna tener conto anche del freddo quando è estremo. La frutta e la verdura congelata difficilmente si consumeranno crude, perché perdono gran parte delle loro proprietà organolettiche. I semi perdono normalmente la loro capacità di germogliare;
– un altro fattore negativo per il cibo è l'irraggiamento, usato per evitare la germinazione delle patate, delle cipolle e di altre verdure. L'irraggiamento è anche utilizzato per uccidere gli insetti e i parassiti che possono compromettere un lungo stoccaggio. La pratica dell'irraggiamento è vietata in alcuni Paesi, permessa e promossa in altri e discussa in tutti;
– la raffinazione, soprattutto dei carboidrati (abburattamento delle farine, brillatura del riso, raffinazione dello zucchero) li priva di gran parte delle loro proprietà nutritive e li rende alimenti squilibrati;
– la decolorazione dell'olio di semi (eseguita per corrispondere a una legge italiana nell'intento di differenziare questo dall'olio di oliva) può modificare alcune caratteristiche nutrizionali;
– l'aggiunta di varie sostanze antifermentative, di emulsionanti, di stabilizzanti può interferire con la qualità del prodotto.

Quanti vantaggi nei cibi crudi!

Abbiamo già intravisti i molti vantaggi degli alimenti crudi ma può essere utile riassumerli ed esaminarli tutti insieme.

Le proprietà organolettiche

Qualsiasi alimento si presenta di aspetto assai diverso quando è cotto, rispetto a come appare quando è crudo.

L'aspetto

Il cambiamento più vistoso avviene nel colore: le foglie da verde vivo diventano scure, smorzate, se non addirittura marroni; le carote da arancione brillante assumono una tonalità più spenta, a volte addirittura grigiastra, a seconda del grado di cottura; la frutta diventa più pallida o addirittura perde il colore; la carne da rosso vivo diventa dapprima grigia, poi marrone. Soltanto i cereali riescono a mantenere, in una certa misura, il loro colore originale: la polenta resta gialla, il riso bianco o bruno, a seconda della qualità, il miglio dorato.

Poiché il colore svolge un ruolo importantissimo nello stimolare l'appetito, la perdita di colore, nel cibo cotto, equivale a una grave mancanza.
Il solo vedere un piatto allettante infatti induce le ghiandole salivari a secernere il loro succo (la famosa 'acquolina in bocca') che a sua volta innesca tutta una serie di processi fisiologici atti a preparare l'organismo a ricevere e a digerire il cibo.
Per rendere il cibo cotto di aspetto invogliante, gli chef devono ingegnarsi non poco, inventando forme particolari per i loro paté stracotti, creando piatti che facciano troneggiare il pavone, ovviamente cotto, in mezzo alle sue piume multicolori, e in mezzo a teneri, patetici ciuffetti di prezzemolo (finalmente crudo!), fettine di rapanelli e foglioline di insalata rossa o verde vivo... Tutti questi sforzi allo scopo di restituire al cibo quell'aspetto invitante che si è perso con la cottura...

Il più delle volte, inoltre, il cibo cotto è anche diminuito di volume e si è afflosciato. Mentre le foglie d'insalata non hanno difficoltà a stare ben erette, gli spinaci cotti formano un mucchietto triste e molle. Basta riprendere un po' l'abitudine di mangiare cibi crudi per arrivare a non gradire più gli alimenti cotti o addirittura stracotti.

La consistenza

La consistenza dell'alimento crudo non è soltanto un fatto estetico, ma influisce molto anche sulla masticazione. Un cibo cotto si può anche 'buttare giù' in pochi secondi. Il cibo crudo invece invita a un'accurata masticazione, la quale a sua volta fa gustare intensamente tutti i sapori, fa sminuzzare bene ogni boccone, mescolato ad abbondante saliva. Mangiare lentamente, masticando a lungo, è il miglior modo per predigerire il cibo e trarne il massimo beneficio.

Il sapore

Il sapore del cibo crudo è, in genere, assai più marcato del cibo cotto. Chi non vi fosse abituato lo noterà in modo chiarissimo. Il sapore ha una funzione ben precisa: stimolare l'appetito, in un primo tempo, e segnalare, in un secondo momento, quando abbiamo mangiato a sufficienza. Avremo modo di vedere questo aspetto tra poco, quando parleremo dell'istinto.
È molto facile eccedere nelle dosi di un alimento cotto perché viene a mancare questo meccanismo di regolazione. Chi ha problemi di sovrappeso farebbe bene a tener presente questo problema. In ogni caso, l'eccesso di cibo costituisce uno spreco di energie che il nostro organismo deve mettere a disposizione per digerire e smaltire il cibo.
I bambini inappetenti e i malati possono essere indotti a mangiare molto più facilmente se si presenta loro un cibo leggero ma crudo, rispetto alle solite minestrine o pappette insipide e scolorite.

Il profumo

Il profumo è, secondo alcuni, la 'parte migliore' del cibo. Il profumo di una mela cruda è decisamente diverso da quello di una mela cotta. Che sia migliore o peggiore dipende dai gusti e dalle abitudini della persona.
Il cibo crudo normalmente sprigiona tutto il suo aroma al momento in cui lo si mastica e si insaliva, mentre è più difficile individuarlo prima. Al contrario, entrando in una cucina o in una sala da pranzo, si è spesso stimolati dai profumi delle pietanze calde. Questi infatti, a contatto con il calore, cedono le proprie parti aro-

matiche, volatili (che però, per l'appunto, si volatilizzano, restano nell'aria e non finiscono nel nostro apparato digerente).
Questo è un peccato, perché molte delle sostanze più 'sottili' ma più benefiche degli alimenti potrebbero essere racchiuse proprio in quelle molecole che percepiamo attraverso l'olfatto.

Cosa dà il profumo all'arrosto?

Molti cibi ci sembrano poco appetibili, se non addirittura immangiabili, se non vengono cotti, per esempio le carni. Ma, pensiamoci bene, non è certamente la carne che manda invitanti segnali odorosi. Nel lesso è piuttosto l'aggiunta di foglie d'alloro, cipolla, sedano, carota e chiodi di garofano che fanno da richiamo... Nell'arrosto, è la cipolla rosolata e l'aggiunta del vino che gli conferiscono una nota particolare...

Anticamente si offrivano sacrifici agli dei. Sugli altari venivano arrostiti gli animali: gli dei si nutrivano del profumo, gli uomini della carne. Insomma, forse la parte migliore era proprio quella non materiale...

Del resto, cosa ci stimola a cercare la grigliata, a chiedere il panino con la salsiccia calda nel paesino di campagna? Il profumo, o il ricordo del profumo... Come spesso avviene, l'appagamento del desiderio è meno soddisfacente del desiderio stesso...

Il contenuto

Dopo aver analizzato le diverse proprietà organolettiche degli alimenti, esaminiamo ora le diverse sostanze presenti nei cibi.

L'acqua

L'acqua è presente di solito in maggior misura nel cibo crudo, rispetto a quello cotto. Ciò sembra un aspetto di poco conto, ma in realtà è importantissimo. L'acqua infatti è indispensabile e vitale per noi addirittura di più che non l'alimento solido. La corretta proporzione di acqua nel cibo lo fa digerire e assimilare meglio. Compensare la perdita d'acqua, avvenuta nella cottura, soltanto bevendo a tavola sarebbe un errore che rischierebbe di interferire con una buona digestione.
Il nostro organismo ha bisogno di una grande quantità d'acqua (anche due o tre litri al giorno per un adulto con attività fisica e metabolica normale). L'ideale è che l'acqua venga introdotta nel modo più naturale, cioè

in abbondanza, attraverso gli alimenti. Soltanto una parte relativamente esigua sarebbe da introdurre bevendo, tutte le volte che si avverte il senso di sete.

Le fibre

Abbiamo già visto l'importanza delle fibre per un corretto funzionamento dell'intestino, per stimolare la masticazione, per dare un apporto in sali minerali e oligoelementi (presenti anche in questa parte degli alimenti). Il cibo crudo, anche per quanto riguarda il suo contenuto in fibre, è il più sano ed equilibrato.

Le vitamine, i sali minerali e gli oligoelementi

Le vitamine, i sali minerali e gli oligoelementi sono costituenti degli alimenti non meno importanti delle proteine, dei carboidrati e dei lipidi. Sono particolarmente ricchi nel cibo crudo mentre soffrono a contatto con il calore.
Esiste attualmente una diffusa situazione di squilibrio alimentare per quanto riguarda sia vitamine, sia sali minerali, sia oligoelementi. Ciò è dovuto principalmente a due motivi:
– il tipo di coltivazione che impoverisce il terreno e quindi i suoi frutti;
– una condizione di stress psico-fisico, più o meno permanente per tutti.
È quindi particolarmente importante provvedere a un apporto di questi elementi il più possibile completo ed equilibrato, e il più possibile naturale. L'integrazione con vitamine di sintesi si è infatti rivelata inadeguata e spesso addirittura pericolosa, non solo per le obiettive difficoltà di dosaggio ma anche perché queste molecole non sono accompagnate da tutti gli altri fattori, che sono invece presenti in natura e che assicurano uno sfruttamento ottimale di tutte le sostanze.

Gli enzimi

Gli enzimi degli alimenti crudi sono, allo stato attuale, praticamente insostituibili. Gli enzimi sintetizzati o riprodotti dall'uomo hanno gli stessi potenziali inconvenienti delle vitamine di sintesi. In ogni caso, se assunti fuori dal loro contesto naturale e armonioso, non si assicura la presenza contemporanea di tutti gli altri fattori necessari alla salute.

Il crudo è più digeribile

Il fatto che i cibi crudi siano più digeribili di quelli cotti appare chiaro da tutto quanto abbiamo visto finora, dalla presenza cioè nel cibo crudo, di tutti quegli elementi necessari a una buona digestione (dall'acqua alle vitamine, dai sali minerali agli enzimi, fino alle fibre e all'aspetto, che stimolano una buona masticazione e salivazione). A volte si accusa un alimento di essere 'pesante'. Un esempio di questi cibi sono le Crocifere, ossia i vari tipi di cavolo. Questi, durante la cottura, liberano sostanze aromatiche sulfuree poco gradevoli, che lasciano le loro tracce nell'ambiente anche per alcune ore. Gli stessi vegetali, consumati crudi, sono di solito perfettamente digeribili, anche per chi aveva giurato di non sopportarli...

La leucocitosi

La leucocitosi, l'aumento cioè del numero dei globuli bianchi presente nel sangue (da 'leucocita'; globulo bianco) è un fenomeno di difesa dell'organismo. In presenza di qualsiasi sostanza, considerata estranea o nemica, il sangue manda sul posto una 'pattuglia di polizia', i globuli bianchi, che hanno la precisa funzione di combattere ed eliminare gli intrusi per evitare ogni possibile danno al corpo. Ovviamente, il dover mandare continuamente plotoni o battaglioni di difesa costituisce un impegno energetico non indifferente per l'organismo, quindi sarebbe saggio evitargli questa fatica, per quanto possibile, e conservare le nostre energie per lavori più utili.

Questo discorso ci interessa in questo contesto proprio perché il corpo considera ogni tipo di alimento potenzialmente estraneo. L'introduzione di cibo cotto, che mette in moto questo meccanismo di difesa in modo più dispendioso, rappresenta un impegno per l'organismo. Sarebbe sicuramente più utile conservare le sue energie per lavori più importanti. Anche le sostanze crude stimolano la leucocitosi, ma in modo qualitativamente più valido di quelle cotte, mantenendo attive le difese dell'organismo, senza peraltro affaticarlo.

Il crudo, un valido supporto terapeutico

Mangiare crudo non è soltanto un modo per gustare meglio il cibo. È anche una terapia naturale, un mezzo di prevenzione per eccellenza, valido anche come terapia di base o di sostegno in numerose malattie. Vediamo alcuni esempi.

Carie dentaria	Il cibo crudo obbliga a masticare, quindi costituisce una salutare ginnastica per le gengive e per tutta la muscolatura della bocca. Al tempo stesso facilita l'igiene della bocca e favorisce addirittura una certa autopulizia. Il cibo cotto tende invece a depositarsi maggiormente negli interstizi fra i denti, creando fermentazioni e cattivo odore.
Diabete	Un'alimentazione totalmente o prevalentemente naturale o crudista può avere effetti normalizzanti sui tassi glicemici e dare notevoli benefici ai diabetici. Particolarmente consigliabili per chi soffre di diabete sono tutte le verdure a foglia verde, frutti come le arance, le ciliegie e altri che sembrano incidere meno sul tasso glicemico, semi oleosi come le mandorle, le noci, le nocciole e le olive. Deve comunque essere sempre valutata la quantità totale di calorie introdotte.
Tumori	In molte cliniche naturiste si eseguono digiuni terapeutici a base di succhi di verdura e tisane (*vedi* il capitolo 'Crudo o cotto? Opinioni a confronto'). In determinati casi il digiuno non è completo e ammette anche cibi solidi (sempre di origine vegetale), mangiati freschi e crudi. I risultati positivi sono tanto più apprezzabili in quanto spesso sono proprio i pazienti più gravi, i casi 'disperati', che si rivolgono a queste terapie alternative, dopo numerosi tentativi con la medicina ufficiale.
Ulcera allo stomaco	Vi è la tendenza a consigliare i cibi cotti a chi soffre di ulcera allo stomaco, credendo questi cibi meno irritanti. In realtà si rischia di aggravare in questo modo la loro condizione, in quanto così vengono a mancare proprio quelle sostanze necessarie a rinforzare le loro capacità di difesa. Particolarmente utili in questi casi sono i succhi, ovviamente crudi, di patate (mescolato con un po' di succo di carote per migliorarne il gusto) e di crauti. Anche durante le ricadute, purtroppo frequenti e cicliche, i fiocchi di cereali ammorbiditi in acqua sono ben tollerati. Si possono inoltre inserire nell'alimentazione frutti crudi, purché molto ben masticati e insalivati (e se non compaiono fenomeni di intolleranza).
Artrite, artrosi, reumatismi	Le diete depurative, basate esclusivamente sui vegetali crudi, sono molti utili nei casi di artrite, artrosi e reu-

matismi. I migliori risultati si ottengono con la carota, il sedano-rapa, le Liliacee, le insalate, e i germogli di frumento.

Anche se non si escludono del tutto i cibi cotti, è meglio limitare quelli acidificanti (in modo particolare lo zucchero industriale, i *soft drinks* e le carni) e attenersi il più possibile a un'alimentazione naturale. (*Vedi* anche il paragrafo 'Are Waerland', nel capitolo 'Crudo o cotto? Opinioni a confronto'.)

Infezioni e febbri

In caso di infezioni e/o di febbre, è utile sostenere l'organismo nel suo sforzo di difesa con un digiuno a base di acqua e succhi, ovviamente crudi. Se il malato ha appetito, dategli soltanto alimenti crudi, (per esempio, per un giorno o due solo mele crude e fresche). Non fate mancare i liquidi. È un errore, purtroppo ancora assai diffuso, quello di voler 'dare forza' all'ammalato convincendolo ad assumere brodi di carne e cibi cotti. In questo momento delicato essi costituiscono solo uno sforzo in più per l'organismo.

Accompagnate le diete disintossicanti con misure adatte a pulire l'intestino: un enteroclisma oppure un blando lassativo.

Problemi di peso

Sia chi pesa troppo sia chi pesa troppo poco mangia in qualità e quantità sbagliata, oppure assimila in modo non ottimale. In entrambi i casi il cibo crudo ha una funzione regolatrice sull'appetito (stimola gli inappetenti, ma non fa mangiare eccessivamente chi è affetto da bulimia).

Inoltre, l'ottimale apporto di tutti i principi nutritivi non denaturati, soprattutto di vitamine, sali minerali e oligoelementi, rimette a posto il metabolismo. Contribuisce quindi a mantenere in forma ottimale tutto il fisico (compresa la linea...).

Ovviamente, come per tutte le terapie naturali, l'effetto non si ottiene in pochi giorni. Occorre costanza per rimediare ai peccati di molti anni di malnutrizione. Comunque con il rinnovato piacere che daranno i cibi gustati nella loro condizione migliore, non si avrà l'impressione di seguire una dieta. Nessun sacrificio quindi, ma un modo di mangiare che appagherà di più.

L'alimentazione con cibi crudi è la migliore 'dieta di bellezza' possibile. Passare da un regime alimentare disordinato, ricco di cibi precotti, stracotti o inscatolati, a una dieta ricca di alimenti freschi e vitali porta quasi immediatamente a una notevole diminuzione del bisogno di cibo. È questo uno dei motivi per cui si consiglia di mangiare frutta e verdura crudi prima del pasto: il maggior volume degli alimenti, non ridotti dalla cottura, e gli effetti sul sistema digerente permettono a tutti di mangiare di meno.
Ma attenzione... non lasciamoci tentare dal volere 'tutto e subito'! È bene inizialmente aumentare soltanto l'inserimento degli alimenti crudi nella nostra alimentazione, per arrivare gradualmente a desiderare sempre di più gli alimenti freschi e naturali. Altrimenti c'è il rischio di trasformare questa scelta alimentare in una qualsiasi dieta, con i problemi di 'rigetto' ben noti a tutti.

Il crudo per la bellezza

La ricchezza in sostanze vitali fa del cibo crudo il piatto preferito delle attrici più famose che fanno risalire ai piatti di insalata e carota e alle spremute di agrumi la loro carnagione impeccabile, i loro capelli forti e lucenti, gli occhi luminosi.

Molti giovani con pella acneica hanno risolto i loro problemi proprio grazie a un'alimentazione corretta. Essi sono ben felici di aver rinunciato a cioccolata, patate fritte e bevande gassate pur di vedersi e di farsi vedere con una pelle liscia e vellutata.

Numerosi problemi dermatologici si risolvono infatti grazie a un'alimentazione idonea. Nessun organo risponde in modo tanto positivo quanto la pelle a un'alimentazione naturale e vitale. La spiegazione del resto è semplice. La pelle è un organo che, assieme all'intestino, ai polmoni e ai reni, è preposto a espellere alcune sostanze dal corpo. Più siamo intossicati di *trash food* (di cibo 'spazzatura', come lo chiamano oramai gli americani), più la pelle è oberata di lavoro e risponde con le impurità e le irritazioni.

Un cibo per amare

Le popolazioni che si alimentano in modo naturale e crudo, lo abbiamo visto, sono più longeve e mantengono fino a tarda età una soddisfacente attività sessuale. Quel che a noi può interessare di più è che non solo spesso si superano problemi di sterilità e di impotenza, ma che con un'alimentazione cruda e vitale, tutti quelli che vi si sono 'convertiti' testimoniano di vivere una esperienza sessuale più appagante e più completa (e questo già a partire da poco dopo l'inizio della 'terapia'...).

Crudo per tutti?

Il crudo va bene per tutti, a tutte le età?
Pare proprio di sì.
Abbiamo già visto l'utilità nella prevenzione e nella terapia, quindi per persone sane, malate e in convalescenza. Ora esaminiamo il crudo in rapporto a diverse età della vita o a differenti situazioni.

I neonati e i bambini

I neonati e i bambini si alimentano, purtroppo, largamente con pappette precotte (e inoltre riscaldate), se non con cibi stracotti per renderli più morbidi.

Osserviamo invece quanto è stato predisposto dalla natura. Il seno della madre non è provvisto né di un fornello né di uno sterilizzatore, ma il latte materno, il primo alimento per eccellenza, arriva (è fuori dubbio) crudo. All'inizio della sua vita il bambino ha desiderio e bisogno di alimento liquido. Le prime poppate 'extra', oltre al latte materno, possono consistere in succo di mele spremuto (fresco) o in una mela grattugiata al momento su una grattugia di vetro.
Seguiranno frutti e verdure, sempre di sapore piuttosto delicato (e possibilmente, anzi rigorosamente crudi). All'inizio si dovrà centrifugare, poi si grattugerà molto finemente, ma già a pochi mesi il bambino afferra di sua iniziativa vari cibi e li porta alla bocca per assaggiarli. Succhiare e rosicchiare lo aiuterà nella dentizione. Molto presto il bambino si avvicinerà anche ai fiocchi di cereali, un 'quasi-crudo', sotto forma di minestre e papette, mescolati a frutta, latte o verdura grattugiata.

Le buone abitudini si formano da piccoli. Le mamme che abituano i loro figli a cibi freschi e sani sin dall'inizio non avranno certamente problemi in seguito. Inoltre, conterà l'esempio. Come convincere un bambino piccolo a mangiare la mela cruda quando vede gli adulti con piatti fumanti? I cuccioli sono curiosi e desiderano assaggiare quel che vedono nei piatti dei grandi! A chi si chiede come possono crescere sani e forti i bambini alimentati così, possiamo dire che gli esempi non mancano, neanche da noi. I bambini alimentati con il 'tutto crudo' e con il 'tutto vegetale' e 'tutto naturale' sono particolarmente resistenti alle malattie e crescono vivaci e... felici.

Gli anziani

Gli anziani spesso hanno problemi di masticazione, per cui tendono a rifiutare il cibo crudo. Coloro che si sono nutriti da sempre di cibi crudi e non denaturati hanno normalmente una bella dentatura fino a età avanzata, mentre le persone con dentiere o protesi dovranno mangiare le verdure, ed eventualmente anche certi frutti, finemente grattugiati. Poiché l'apparato digestivo delle persone anziane spesso non è nelle condizioni migliori e quindi non assorbe completamente le sostanze vitali, è particolarmente importante assicurarne un apporto abbondante, eventualmente anche con dei succhi freschi supplementari.

La dieta a base di cibi crudi non pone problemi particolari di masticabilità, vista la possibilità di sminuzzare finemente gli alimenti più duri. D'altra parte, abbiamo visto, proprio i denti di chi è abituato a nutrirsi con alimenti crudi sono i più sani e robusti, in quanto un'energica masticazione aumenta il flusso sanguigno nella zona della bocca e tonifica denti e gengive. La dieta a base di cibi crudi è quindi non solo la dieta di bellezza, giovinezza e salute per il nostro organismo in generale, ma anche per la nostra bocca in particolare.

Atleti e sportivi

Per sfatare il mito che per dare buone prestazioni sportive, per avere dei muscoli poderosi e uno scatto felino, le reazioni pronte e una resistenza quasi inesauribile occorrano carne e latticini in grandi quantità, possono servire ancora alcuni esempi. Tra le medaglie d'oro alle olimpiadi e i campioni mondiali di tutte le discipline troviamo molti vegetariani o vegetaliani puri, e soprattutto crudivori. Non solo le loro prestazioni non sono per nulla inferiori a quelli dei loro colleghi, ma essi hanno una maggiore resistenza e risentono meno della fatica. Soprattutto, i loro reni e il loro metabolismo non restano affaticati da un'alimentazione 'ricca' e intossicante. Fanno una vita attiva fino a età avanzata, mentre molti sportivi accusano repentini crolli pochi anni dopo le loro grandi glorie.
Soprattutto prima delle gare e degli impegni sportivi sarebbe bene alimentarsi solo di crudo per mantenere intatte tutte le riserve energetiche, che altrimenti vengono in parte assorbite dal lungo lavoro di digestione.

IN PRATICA...

L'istintoterapia

Così si chiama una disciplina promossa da diversi autori, tra cui il francese Guy-Claude Burger. Egli visse un'esperienza personale segnata da gravi problemi di salute, quindi arrivò alla conclusione che l'istinto è tuttora vivo nell'uomo, quantomeno può essere risvegliato, almeno in determinate condizioni. E l'istinto può guidarci ad alimentarci nel modo più corretto e confacente ai nostri bisogni in quel determinato momento. Non è difficile verificare le affermazioni di G.C. Burger, facendo delle prove su se stessi.

L'istinto e il cibo

La prima di queste affermazioni è che gli alimenti hanno gusti diversi, a seconda del bisogno o meno che noi ne abbiamo, in quel determinato momento. Sarà successo a tutti di non provare alcuna attrazione per un cibo che normalmente era uno dei nostri piatti preferiti. Se è vera l'asserzione di G.C. Burger, si dovrebbe poter evitare qualsiasi indigestione o intossicazione alimentare, qualora la nostra capacità di scelta 'istintiva' sia tornata nella sua ottimale situazione originaria.

Secondo G.C. Burger, inoltre, la carne cruda ci sembra disgustosa semplicemente perché siamo intossicati da alimenti denaturati. C'è da dire che molte persone che, per necessità o per scelta, si sono abituate a un regime crudivoro preferiscono comunque i vegetali e provano disgusto per gli alimenti animali. Altri invece apprezzano e consumano, con vantaggio, entrambi.

Ma quali sono le premesse perché l'istinto innato nell'uomo possa riprendere a funzionare, di fronte a un alimento? Ecco cosa ci consiglia G.C. Burger:
– l'alimento deve essere naturale (non denaturato, raffinato, additivato, mescolato, riscaldato, estratto, coltivato industrialmente contenente tracce di pesticidi, diserbanti e simili);
– deve essere rigorosamente crudo (qualsiasi cibo cotto falserebbe la risposta istintiva);
– deve essere 'originale', cioè non elaborato (il formaggio, per esempio, è derivato dal latte quindi è elaborato);

— non deve contenere alcun tipo di condimento poiché questi alterano il profumo e il gusto, importanti invece per stimolare il nostro istinto:
— non deve essere proposto in grandi quantità: dovrebbe essere l'istinto, infatti, a determinare quanto serve per il nutrimento.

Come riacquistare l'istinto

Ed ecco un 'programma rapido' in 25 punti, sempre elaborato da G.C. Burger per tornare ad avere un istinto pienamente funzionante, in soli tre giorni.

Primo giorno

1. Acquistate i seguenti prodotti freschi: cinque o sei tipi di frutta, cinque o sei tipi di verdura, inoltre noci, nocciole, mandorle, noci di cocco, un vasetto di miele vergine e un bastoncino di Cassia.

2. Non consumate la prima colazione, ma bevete semplicemente acqua minerale.

3. A mezzogiorno disponete i vostri frutti in uno o due cestini che porrete sulla tavola, come prima portata.

4. Annusate a turno un frutto per ogni tipo finché avvertirete una preferenza per qualcuno in particolare.

5. Mangiate il frutto che avete scelto. Mangiatene finché non cambia il suo gusto oppure finché non interviene un qualsiasi inconveniente: pizzicore, sapore acre, acido, amaro, aspro, nauseabondo, eccetera. Non arrivate per forza a finire il frutto; non sforzatevi di terminarlo!

6. Scegliete un secondo frutto come avete fatto in precedenza e arrivate anche con questo fino al momento in cui vi fermate istintivamente.

7. Potete ancora riprendere l'operazione con un terzo tipo di frutto (meglio non andare oltre ai tre). Fermatevi se nessun altro odore vi attira o se provate un senso di sazietà.

8. Togliete i cestini con la frutta e mettete davanti voi i semi oleosi. Se non percepite il loro odore, assaggiate un seme per ogni tipo e mangiate (fino all'arresto istintivo) quello che vi sarà sembrato il più invitante. Se tutti vi sembrassero secchi o insipidi, non forzatevi

Per imparare ad alimentarci sempre di più con cibi crudi, è necessario andare per gradi, per evitare cambiamenti troppo bruschi. E, soprattutto, è importante che il nostro gusto venga rieducato all'assunzione dei cibi crudi, alla riscoperta dei sapori e degli odori di ciò che è fresco e naturale. Come ci spiega il medico G.-C. Burger, si tratta di una vera e propria 'rieducazione' ai nostri istinti alimentari. Bastano solo tre giorni per cominciare a riassaporare sapori e aromi naturali in tutta la loro pienezza. Acquistate il primo giorno la frutta e le verdure consigliate e poi seguite le istruzioni che vengono date in questo capitolo.

9. Aprite il vostro vasetto di miele: se esso sprigiona un profumo percettibile, prendetene qualche cucchiaino finché non ne avvertirete più il *bouquet*. Fermatevi quando esso vi sembra oramai soltanto dolce o leggermente aspro.

10. Se tutto è andato bene, voi non avvertirete la vostra digestione. Se per caso vi venisse qualche reazione (emicrania, nausea), succhiate qualche dischetto di Cassia senza mai superare l'arresto 'istintivo', dato, in questo caso, da un leggero pizzicore o dal riscaldamento della lingua.

11. Durante il pomeriggio bevete tutta l'acqua che desiderate.

12. Alla sera, disponete le verdure in un cesto nel modo più invitante possibile.

13. Scegliete una prima verdura, come avete fatto a mezzogiorno con la frutta, e mangiatene fino all'arresto istintivo (gusto o consistenza sgradevoli).

14. Ripetete tutto il procedimento con una seconda verdura, poi eventualmente per una terza.

15. Sostituite le verdure con la frutta e scegliete un tipo di frutta. Fermatevi quando il gusto cambia. Se nessun frutto vi sembra avere un buon profumo, andate subito alla tappa seguente.

16. Provate ancora la vostra fortuna con i semi oleosi e con il miele, come avete fatto a mezzogiorno. Ma soprattutto non sforzatevi ad assumere qualsiasi cosa per paura di non mangiare abbastanza (ma non fermatevi nemmeno per la paura di mangiare troppo...).

17. Alla sera, prima di andare a letto, succhiate quattro o cinque dischetti di Cassia.

Secondo giorno

18. Il giorno dopo tornate dal vostro fruttivendolo per reintegrare i frutti mancanti o per completare l'assortimento. Comperate eventualmente un uovo (di fattoria, se non conoscete qualche allevatore), alcuni tipi di mollusco e alcuni pesci.

19. A mezzogiorno, procedete come il primo giorno

20. Alla sera, cominciate con una sequenza di proteine animali. Per scoprire quale vi conviene di più, annusate i vostri frutti di mare. Se nessuno di essi vi attira, assaggiate il tuorlo del vostro uovo (sputatelo se non è gradevole). Potete anche mangiare l'albume se vi attira (ma separatamente).
Non sforzatevi, soprattutto con le proteine animali. Fermatevi al primo segnale negativo (sapore insipido o pastoso, leggera nausea, eccetera).

21. Continuate la vostra cena come avete fatto la sera precedente, con verdura, frutta, semi oleosi e miele.

22. Al momento di andare a dormire, aumentate la dose di Cassia (a meno che il vostro intestino non sia già superattivo, ma non superate il leggero pizzicore della lingua o della gola che vi indica la dose limite).

Terzo giorno

23. Procedete come per il secondo giorno se trovate una carne adatta presso il vostro macellaio (questo è, purtroppo, uno dei problemi più spinosi!) e aggiungetela alle vostre proteine, alla sera. Comportatevi nello stesso modo anche il quarto e il quinto giorno, altrimenti rischiereste di scatenare una reazione di disintossicazione che richiederebbe una terapia più precisa.

24. Per riprendere un'alimentazione normale, procedete con prudenza, non sforzatevi, non cercate di 'recuperare' a tutti i costi.

25. In caso di difficoltà, ricorrete al vostro medico curante, o meglio a un medico che conosca la istintoterapia.

Per rassicurarvi sappiate che, su migliaia di casi seguiti, non si sono praticamente mai verificate difficoltà degne di nota.

Un altro esperimento

Proponiamo una variante a quanto è stato esposto da G.C. Burger:
bendatevi gli occhi prima di annusare i vostri frutti e le vostre verdure. Il colore, la forma e il ricordo che questi suscitano in voi possono infatti influenzare la vostra scelta.

Cosa scelgono i bambini

Se non sono stati 'traviati' sin da piccolissimi con caramelle e merendine, i bambini opteranno sempre, di fronte al crudo e al cotto, per il primo. Del resto, in qualsiasi momento chiedessero una mela o una carota, perché rifiutargliela? In questo caso non vale l'antico ammonimento 'ti guasta l'appetito': frutta e verdura crude danno il giusto nutrimento e inoltre preparano i succhi gastrici per il pasto...

Poveri animali domestici!

Nessun animale allo stato libero si sognerebbe di cercare del cibo cotto. Anche se gli fosse posto davanti, avendo la possibilità di scelta, esso preferirebbe sempre la carne cruda.
Noi abbiamo abituato i nostri animali a vivere come noi e a mangiare come noi, e, in un malinteso senso di protezione, li abbiamo abituati al 'pasto caldo', alla 'zuppa ben cotta'. Non dimentichiamo però che i nostri animali crescerebbero certamente meglio con alimenti crudi...
Anche i cani non disdegnano generalmente la frutta cruda e fresca, ben matura, e nemmeno la verdura e i semi oleosi. Certamente è meglio abituarli a questi alimenti sin da piccoli.

La carne cotta o precotta, nei negozi per animali è spesso meno costosa di quella cruda. Viene addirittura suggerito che quella surgelata sia scottata, prima e anche dopo il surgelamento.
Chiunque abbia avuto una lunga esperienza con gli animali domestici e abbia potuto fare il confronto tra quelli alimentati con il crudo e quelli nutriti con il cotto non avrà dubbi e sceglierà, almeno per la carne, per la verdura e la frutta, il crudo.

Le eccezioni

Vi sono senz'altro alcune eccezioni alla regola di mangiare tutto crudo, anche se sono meno numerose di quelle che comunemente si crede.
Alcuni vegetali infatti contengono, allo stato crudo, delle sostanze che, se consumate in quantità ragguardevoli, non sono confacenti alla nostra salute. Queste sostanze vengono comunque distrutte e neutralizzate dalla cottura (o da altri procedimenti, come per esempio la germinazione), per cui questi vegetali sono comunemente considerati commestibili.
Tipici dei nostri climi sono determinate leguminose come i fagioli (e oramai si è acclimatata anche la soia) che contengono, allo stato crudo, l'acido ossalico. Difficilmente mangeremo più di un assaggio di fagiolini crudi, perché sentiremmo subito una patina sgradevole sui denti, meno lisci al contatto. Questo effetto dipende proprio dall'acido ossalico. Lo stesso vale, anche se in minor misura, per gli spinaci e per le bietole. Se ne possono consumare piccole quantità crude, senza danno, per esempio mescolate ad altre insalate e verdure crude. Anche in questo caso è difficile che si ecceda nella dose, proprio per il verificarsi della sensazione negativa provocata della patina sui denti. È ancora una volta il nostro istinto a venirci in aiuto, anche se questa volta non tramite l'olfatto.

Un'altro fattore potenzialmente di disturbo presente in alcuni alimenti crudi è l'acido fitico, contenuto nel pericarpo dei cereali. Se si volesse consumare la farina integrale cruda, questa potrebbe (se assunta in quantità notevoli) creare dei problemi. L'eliminazione dell'acido fitico si ottiene con la raffinazione della farina. Una lievitazione lenta e naturale trasforma l'acido fitico così come anche la germinazione dei semi.

Non è il caso, qui, di parlare di vegetali non caratteristici delle nostre zone. Ogni fascia climatica, ogni continente ha comunque i suoi vegetali, commestibili a volte solo a patto di essere cotti, a volte addirittura più volte. Forse in questi casi non si dovrebbe nemmeno parlare di piante commestibili...

L'uovo

L'uovo è tra quegli alimenti ai quali, a volte, si contesta la possibilità di essere mangiato crudo. Soprattutto per una sua parte, l'albume, il divieto è quasi unanime. Effettivamente, l'albume blocca l'attività di alcune vitamine, ma questa sua proprietà è stata assai esagerata. Se anche una piccola parte delle vitamine contenute nel tuorlo viene bloccata dall'albume crudo, l'uovo resta comunque un insieme armonioso ed equilibrato. Non riuscirà certamente a 'turbare' gli altri alimenti consumati nella stessa giornata: l'albume non è il grande predatore che ruba vitamine agli altri cibi! Eventualmente si può scegliere di dare ai bambini piccoli il tuorlo crudo da solo; per gli adulti invece non c'è nulla da temere.

Il latte

Il latte pastorizzato è, purtroppo, molto diffuso. La pastorizzazione viene effettuata per garantire l'igiene, a livello di grande distribuzione.

Per avere un latte fresco e crudo di qualità sicura occorrerebbe allevare il bestiame in modo molto diverso da quel che vediamo solitamente. Purtroppo il fattore economico incide, ovviamente, anche in questo caso. Anche i controlli sanitari dovrebbero essere particolarmente severi. Tuttavia, in altri Paesi esiste ancora (o meglio: di nuovo) la possibilità di comperare del latte non pastorizzato, proveniente da allevamenti particolarmente curati e controllati. Questo latte viene in genere 'prescritto' da pediatri, medici e dietologi, quasi fosse un farmaco...

Dovendoci accontentare del latte pastorizzato, cerchiamo almeno di non danneggiarlo ulteriormente, non facendolo mai bollire, e nemmeno riscaldare oltre i 40° C. Ovviamente da evitare sono il latte a lunga conservazione, il latte in polvere e il latte concentrato (in tubetto o in scatola). Tutti questi prodotti provengono infatti da processi di forte e prolungato riscaldamento.

I formaggi

I formaggi possono essere prodotti sia con latte pastorizzato sia con latte che non ha subito trattamenti termici (alcuni non si possono produrre con latte pastorizzato altri cambiano sapore). Per questo motivo si trovano su mercato sia formaggi 'a pasta cruda' sia 'a pasta cotta'

Il formaggio quindi non sempre equivale a un alimento crudo, anzi, a volte viene prodotto con interventi anche notevoli di calore. Non parliamo poi dei formaggi fusi o dei formaggini... Sulle confezioni del supermercato non è certamente specificato con quali metodi e con quale latte il formaggio è stato fatto, ma i banchi al mercato e i negozi specializzati sono spesso gestiti da persone appassionate e competenti che ben volentieri vi daranno tutte le informazioni sulle particolarità dei loro prodotti.

Lo yogurt

I fermenti dello yogurt riescono a riprodursi nel latte pastorizzato, ma non in quello sterilizzato (o in quello a lunga conservazione o U.H.T., trattamento termico ultrarapido ad alta temperatura). Alcuni yogurt in commercio sono purtroppo prodotti con quest'ultimo tipo di latte, quindi non si tratta, in realtà, di vero yogurt. Per essere certi bisognerebbe controllare sull'etichetta se contiene bacilli e fermenti vivi. Un altro tipo di sistema è quello di fare a casa questo esperimento: se un po' di questo tipo di yogurt, messo in un contenitore con latte tiepido, si riproduce, significa che è ancora vivo. Lo yogurt è, in questo caso 'quasi crudo'; in caso contrario il suo valore nutrizionale è assai ridotto.

La carne

In molte parti del mondo la carne si consuma anche oggi cruda. Ciò non avviene certamente più per necessità, e forse neppure per tradizione, ma per ghiottoneria o per ragioni dietetiche, nel convincimento che la carne cruda nutra di più e sia più digeribile.
Effettivamente, la carne cruda è ricchissima di enzimi, utili alla digestione della carne stessa.

Gli animali carnivori spesso seppelliscono le prede per mangiarne la carne dopo alcuni giorni o anche settimane. Alcuni autori sostengono che non sia soltanto l'istinto di procurarsi delle scorte a indurli a questo comportamento, bensì un istinto, non meno forte, di mangiare un alimento più ricco di enzimi.

Gli eschimesi sono famosi per la loro abitudine di mangiare cruda la carne, ma raramente la mangiano imme-

diatamente dopo l'uccisione dell'animale. Pur essendo conservata in condizioni di freddo intenso nella carne avviene un processo di autolisi, cioè una progressiva dissoluzione delle cellule. Ciò modifica anche il sapore della carne. Pare, per esempio, che la carne di tricheco acquisti il sapore di un vecchio formaggio piccante e maturo. Gli eschimesi dei Banks Islands, nel Canada del Nord, sostengono che il pesce e la carne di caribù congelati nel ghiaccio danno loro molto più energia della carne cotta.
A noi sembra impossibile poter sopravvivere in quelle condizioni climatiche, con un apporto vegetale, nell'alimentazione, ridottissimo (tutt'al più le scarse erbe estive, i licheni e alcune alghe). Eppure i lapponi e gli eschimesi si difendono meglio di noi dalle malattie degenerative. Il loro segreto sembra essere proprio il fatto che il novanta per cento (o addirittura di più) della loro alimentazione continua a essere cruda.

Anche la tradizione degli abitanti delle isole Föroyar, a nord della Gran Bretagna, dimostra che non è soltanto la mancanza di carburante a indurre a consumare la carne cruda e stagionata. Essi infatti appendono all'aperto, per un anno o più, la carne cruda, non affumicata. La lasciano semplicemente macerare all'aria, ben protetta dalle intemperie. Il gusto diventa, anche in questo caso, simile a quello di un formaggio fermentato maturo. Anche l'odore cambia: diventa molto pungente. Gli abitanti del posto sostengono che nessun altro cibo è in grado di conferire loro altrettanta energia...

Un piatto tradizionale libanese è il *kibbeh*. È formato da agnello e frumento, entrambi crudi. Il frumento viene schiacciato e mescolato alla carne di agnello, sminuzzata e condita con varie spezie. Alla fine il tutto viene mescolato e impastato a lungo, fino a ottenere un insieme ben amalgamato e morbido (e anche predigerito dagli enzimi liberatisi dal cibo crudo). Naturalmente questo piatto viene consumato crudo.

Noi tendiamo ad apprezzare poco i sapori molto forti e preferiamo elaborare diversamente la carne da consumare cruda. I sistemi con cui normalmente viene preparata la carne cruda sono tre:

– la salatura, usata soprattutto per salami, bresaola e simili, in genere crudi e stagionati;
– l'affumicatura, cioè l'esposizione, per un certo periodo, all'azione sterilizzante del fumo. Questo procedimento trasmette un aroma assai apprezzato da molti;
– la macerazione con il limone (o a volte con l'aceto). Questo procedimento ha effetto battericida. La carne diventa più pallida, più tenera, perde l'odore e il sapore caratteristici. Per questi motivi qualcuno chiama la carne preparata in questo modo 'cotta' anche se non vi è alcun intervento del calore. (Esiste comunque una parziale denaturazione delle proteine anche con questo metodo.)

Il pesce

Il pesce viene consumato crudo così come viene pescato, oppure congelato in modo naturale dalle popolazioni che vivono nei climi più rigidi. Da noi sono diffusi metodi di preparazione diversi, che essenzialmente sono gli stessi che abbiamo elencato prima per la carne: essicazione, salatura, affumicatura e macerazione con il limone. C'è chi sostiene che non mangerebbe mai il pesce crudo, ma non batte ciglio di fronte a un piatto di acciughe, senza minimamente pensare che esse sono indubbiamente crude.
Lo stesso avviene per la carne: sono in pochi ad affermare che la carne cruda li attiri, eppure queste stesse persone mangiano volentieri il prosciutto di Parma, detto anche prosciutto 'crudo' (e il termine non lascia dubbi) e i salami di suino.

Il sostantivo 'crudezza', oltre a significare lo stato dei cibi non cotti, indica anche 'asprezza', 'insensibilità', 'durezza'. E forse è proprio solo l'idea del 'crudo' (che si collega spesso a 'grezzo' o 'sanguinolento' o 'poco saporito') che ci fa indietreggiare davanti alla carne e al pesce crudi...

Il pane può essere crudo?

A prima vista sembrerebbe di no, che il pane non possa essere crudo. I veri crudivori, che per scelta non si alimentano di cibi cotti, hanno infatti abolito il pane dalla loro mensa.
Eppure abbiamo visto che gli Esseni, (*vedi* il capitolo 'Crudo o cotto? Opinioni a confronto') parlano di un

L'uso di nutrirsi con pesci o molluschi crudi è tipico anche
delle nostre coste. Naturalmente il pesce deve essere molto
fresco, meglio se appena pescato. La marinatura nel succo
di limone, per le notevoli proprietà battericide di quest'ultimo,
è il modo più sicuro, oltre che forse il più appetitoso,
per gustare il pesce crudo.
Un'ottima ricetta è quella delle acciughe marinate. Pulitele
bene, raschiatene la pelle e togliete le lische e le pinne della
coda e della testa. Dividetela longitudinalmente e lasciatele
macerare, aperte, in succo di limone, per alcune ore,
in frigorifero. Giratele ogni tanto e alla fine (sono ottime
dopo un giorno) conditele con olio extravergine d'oliva e sale.
Volendo potete aggiungere prezzemolo, origano
e peperoncino.

pane cotto al sole e ne descrivono le modalità di preparazione. Vedremo, nella sezione dedicata alle ricette, soluzioni per realizzare un pane 'crudo', con il sapore di 'cotto'.

I fiocchi, un cibo 'quasi crudo'

Una preparazione particolare dei cereali è il procedimento industriale che sottopone il chicco a pressione meccanica e ad un getto di vapore contemporaneamente. Il risultato è un dischetto piatto, chiaro, asciutto, croccante ma abbastanza morbido. È un seme di cereale diventato abbastanza tenero da poter essere mangiato crudo, appena ammorbidito con il latte, l'acqua o qualche altro liquido, senza tuttavia aver perso gran parte della sua vitalità (come invece avviene durante l'esposizione prolungata al calore).

Non a caso M. Bircher Benner, pioniere dell'alimentazione naturale moderna, suggerisce come primo piatto della giornata il müesli, che è appunto a base di fiocchi.

Come cambiare le abitudini alimentari

Esistono fra noi, oggi, molto più crudivori 'puri' di quanto non si sospetti. Semplicemente sono persone che non parlano delle loro convinzioni, e anche mangiando in loro compagnia non sempre ci si accorge che essi hanno abitudini diverse dalle nostre. Al ristorante, per esempio, sanno ordinare, senza dare nell'occhio, tutto crudo. A casa loro troverete manicaretti talmente invitanti che non vi passa nemmeno per la mente di chiedervi dove sono i piatti cotti.
Ma l'attento osservatore riesce ugualmente a distinguere queste persone tra migliaia d'altri. Essi hanno una carnagione da fare invidia, uno sguardo luminoso. Senza essere troppo magri, hanno un fisico agile e asciutto, e soprattutto un'energia che sembra inesauribile.
Ovviamente, anche i figli di queste persone sono totalmente o essenzialmente crudivori, e vediamo anche in questi una vitalità, una crescita e una resistenza alle malattie fuori dalla norma.

Coloro che non sono stati abituati sin da bambini al crudismo raccontano, quasi senza eccezione, che sono arrivati a questa forma di alimentazione:
— per necessità, per superare malattie resistenti a qualsiasi altro trattamento;
— per gradi, soprattutto per quel che riguarda il tipo di cibo crudo.

Passare da un giorno all'altro a un'alimentazione totalmente cruda è possibile, ma probabilmente solo una persona con gravi problemi di salute metterà in atto una simile scelta. È più diffuso il caso di chi ci prova, si trova bene, ne trae sempre maggiori benefici e quindi gradualmente elimina il cibo cotto, tutto o in gran parte.

Andare per gradi All'inizio conviene inserire soltanto una piccola quantità di proteine animali allo stato crudo. Solo in seguito si passerà, secondo il bisogno e i gusti o anche secondo il proprio istinto e la salute in costante aumento, al crudo prevalentemente o esclusivamente vegetale.

I passi percorsi dalla maggior parte dei crudivori vegetariani sono:
– abituarsi gradualmente ad assaggiare qualsiasi tipo di cibo crudo e inserirne poi quantità sempre maggiori nell'alimentazione;
– eliminare in seguito le sostanze di origine animale (dapprima la carne, poi il pesce, il latte, latticini e, per ultime, le uova).

C'è chi addirittura, nel corso degli anni, diventa frugivoro cioè arriva a nutrirsi esclusivamente con frutta, ovviamente cruda (compresi naturalmente i semi oleosi, per avere il necessario apporto di proteine e di lipidi).

Noi non vogliamo dare 'regole' perché ognuno deve trovare la strada che più gli è congeniale, con i suoi tempi e le sue modalità. Cambiamenti molto repentini nelle abitudini alimentari possono sempre creare dei problemi, soprattutto di ordine psicologico, con il rischio di ricadute e 'pentimenti'.

È sicuramente già un enorme vantaggio per la salute se si riesce a introdurre, andando per gradi, una buona percentuale di alimenti crudi in ogni pasto. Questa parte cruda contribuirà ad aumentare la vitalità dell'individuo e a fargli digerire meglio quella parte del pasto che fosse stata sottoposta a cottura o ad altro trattamento termico.

Come iniziare?

Abbiamo già visto tante buone ragioni per mangiare crudo, tante indicazioni per migliorare la salute e per un'alimentazione sempre gustosa. Resta da decidere in quale momento conviene introdurre il crudo, se si decide di andare per gradi anziché convertirsi al crudismo in maniera 'decisa'.

Essenzialmente ci sono tre possibilità:
– il pasto 'tutto crudo', o soltanto alcune portate crude;
– l'inizio del pasto a base di crudo;
– il contorno a base di crudi.

Il fatto di iniziare un pasto con cibi crudi, soprattutto con vegetali, che i francesi chiamano *crudités*, è sicu-

ramente un vantaggio. Poiché il nostro organismo fatica a riconoscere l'alimento cotto e lo considera un corpo estraneo, esso attiva il suo meccanismo di difesa. È lo stesso meccanismo usato anche per combattere contro qualsiasi invasione da parte di microrganismi patogeni: l'organismo manda sul posto, attraverso la circolazione, i leucociti, che hanno appunto funzione di guardia e di difesa. Questo processo si chiama leucocitosi ed è utile e vitale per difendersi. Gli alimenti crudi riescono sempre ad attivare questo processo e lo fanno in modo qualitativamente molto valido. Gli alimenti cotti invece, attivano i leucociti in maniera dispendiosa per l'intero organismo.
Cominciando un pasto con le crudités, il processo della leucocitosi viene quindi innescato e mantenuto in modo più corretto che cominciando un pasto con alimenti cotti.

Il cibo crudo, ricco di vitamine, sali minerali, oligoelementi ed enzimi, arriva all'apparato digestivo in un momento in cui questo è totalmente disponibile a riceverlo e ad elaborarlo. Il prezioso carico viene quindi sfruttato al meglio, con l'ulteriore vantaggio che anche il cibo che segue verrà digerito più facilmente.
Un altro vantaggio del cibo crudo è infatti proprio questo: esso contribuisce a far digerire meglio anche i cibi cotti che fossero stati introdotti nello stesso momento. Il contorno crudo è quindi nettamente superiore a quello cotto, in quanto facilita l'elaborazione e l'assorbimento anche degli altri principi nutritivi.
Conseguenza quasi logica e inevitabile sarà il passaggio graduale al crudo, dandogli uno spazio sempre maggiore, soprattutto quando si abbandonerà l'abitudine di servirlo solo verso la fine del pasto.

Un'esperienza significativa

Chi frequenta il Club Francesco Conti, a Milano, avrà certamente notato Simona Ongaro, vicina alla ricezione, impegnata soprattutto nelle pubbliche relazioni del complesso sportivo: sempre attiva, sorridente, piena di energia, con pelle e occhi luminosi. Per lei 'mangiare crudo' è un modo di vita che dura già da molti anni. Ci facciamo descrivere la sua esperienza:
«Mangiare è soprattutto un'abitudine. E per cambiare le abitudini ci vogliono delle motivazioni abbastanza forti. ▶

▷
Nel caso mio e di mio marito, la motivazione è stata fornita da una necessità impellente di salute. Mio marito soffriva di gravi problemi cardiaci e di un forte esaurimento. Un medico naturista gli consigliò di mutare le sue abitudini alimentari in quanto queste contribuivano al suo generale stato di intossicazione (mangiava quasi esclusivamente carne, formaggi, patate e dolci, e pochissima frutta e verdura).
Il cambiamento consigliato, guidato e seguito dal medico, è stato talmente graduale e 'dolce' che non si è manifestata nessuna voglia repressa, nessun senso di sacrificio. Gli alimenti considerati intossicanti furono infatti levati uno per uno, a distanza di tempo, in un arco di cinque anni: dapprima la carne, poi i dolci, in seguito gli alcolici, il caffè, i formaggi e le uova... Così, l'organismo si è adattato perfettamente alla nuova alimentazione, esclusivamente cruda e per giunta solo vegetale (e, quando è possibile, di coltivazione biologica). Col tempo aumentava sempre più il desiderio, il bisogno di alimenti crudi e freschi. Per accelerare il processo di disintossicazione inserimmo, dopo un po' di tempo, dei periodi di digiuno e delle cure a base di sola frutta.

Sediamo a tavola con lo stesso appetito, con lo stesso piacere di prima (e forse anche maggiore), mangiamo assaporando la varietà dei sapori e degli aromi naturali, apprezziamo la presentazione che questi cibi permettono. Insomma, la soddisfazione della tavola non è per nulla diminuita.
Io ho seguito mio marito prima di tutto perché non volevo sottopormi alla fatica di due 'cucine' diverse, ma in fondo la frutta, la verdura, i cereali e le leguminose mi sono sempre piaciuti molto. Anche per me quindi, non c'è stato nessun sacrificio.

Devo dire che ora mi sento 'premiata', pienamente appagata. Infatti, ho molto più energia e resistenza, sia fisica sia psicologica, rispetto a prima. L'organismo disintossicato si è rafforzato, soprattutto nelle sue difese immunitarie (non prendo un raffreddore da anni) ma anche nel rendimento atletico: ogni mattina faccio assieme a mio marito un'ora e mezza di movimento, tra marcia e corsa. Durante le vacanze facciamo di solito del *trekking* abbastanza impegnativo in alta montagna. E, aspetto non secondario, l'estetica ne ha avuto beneficio: una pelle più luminosa e elastica, unghie e capelli forti e sani, mai un segno di stanchezza».

Una famiglia di crudisti

Daniele Raggi e sua moglie Carla hanno avuto un'esperienza simile alla precedente. Entrambi insegnanti di educazione fisica e sportivi impegnati, avevano il desiderio di conoscere ▶

▷

modi migliori per nutrirsi, per mantenersi in forma. Così hanno avuto contatti con un medico naturista che li seguì nella loro 'avventura' di cambiare abitudini alimentari. Per lei ci fu qualche sorpresa, durante i primi tempi: sembrava che il suo corpo rifiutasse i cibi naturali e preferisse quelli a cui era abituata. La sua pelle reagì infatti con foruncoli e altri sfoghi all'introduzione dei vegetali crudi. Ma ben presto questi fenomeni, normali in un processo di disintossicazione, diminuirono e scomparvero.

Daniele e Carla hanno una bimba, Alice. È un esempio meraviglioso di bambina sana, piena di vita. Dice sua madre: «Crescere una bambina con un'alimentazione quasi esclusivamente vegetale e cruda non è difficile. Alice è molto più robusta e più resistente alle malattie infettive dei suoi coetanei. I problemi possono sorgere solo quando comincia ad andare all'asilo. Per fortuna, il più delle volte si riesce a spiegare alle persone competenti perché si desidera dare una merenda o un pranzo 'diverso', e la voce autorevole di un pediatra moderno, aggiornato, farà il resto».

Alice non ha dei problemi nei confronti dei compagni? «Basta non drammatizzare» rispondono i genitori. «Lei è libera di assaggiare quello che desidera, ma ormai il suo istinto è molto sicuro e sano, e tornerà sempre a preferire gli alimenti crudi, freschi, vivi. Tant'è vero che le caramelle che le vengono offerte, magari le assaggia, poi però, con la sincerità che ai bambini si perdona, le sputa. Il dolce concentrato, innaturale non le va proprio...»

Sia che siate sportivi di professione, sia che siate amanti
del jogging o del trekking, l'alimentazione a base di cibi crudi
fa al caso vostro. Gli alimenti crudi infatti apportano tutti
i principi nutritivi necessari, non affaticano l'apparato
digerente, i reni e il metabolismo, migliorano il rendimento
e la resistenza.
Un'ottima, nutriente (e poco ingombrante) provvista da
portare con sé quando si fanno escursioni piuttosto lunghe
sono le nocciole, le noci, le mandorle e altri semi oleosi,
già sgusciati. Anche i semi di cereali sono assai energetici.
Teneteli in bocca a lungo per ammorbidirli prima
di masticarli.

La conservazione...

Il cibo cotto è più esposto agli attacchi dei microrganismi. Tuttavia anche gli alimenti crudi non si conservano oltre un certo periodo, soprattutto se le condizioni ambientali non sono le più idonee. Oltretutto, il contenuto in principi nutritivi può calare repentinamente (per esempio, nella frutta e nella verdura già poche ore dopo il raccolto comincia questa diminuzione). Le caratteristiche organolettiche cambiano, in genere in peggio: le foglie e le bucce assumono un aspetto avvizzito; il colore diventa pallido; si riduce il volume dell'alimento; ne diminuisce la fragranza, eccetera.
Ogni alimento andrebbe quindi consumato nei termini idonei oppure conservato con le modalità adatte.

Come conservare il miele e gli altri prodotti dell'arnia

Il miele contiene enzimi e zuccheri che lo rendono non solo conservabile a lungo ma addirittura gli conferiscono proprietà di conservante su altri elementi. Tuttavia il miele perde questa sua caratteristica se viene diluito in acqua. Anche l'esposizione alla luce e ovviamente al calore, non sono favorevoli alla conservazione del miele. È utile pertanto tenerlo in contenitori di vetro chiusi ermeticamente e al riparo dalla luce. (Stiamo parlando naturalmente di miele vergine, possibilmente prodotto senza l'intervento meccanico della centrifuga).
Le stesse attenzioni che servono per la conservazione del miele sono necessarie anche per il polline e per la propoli.
La pappa reale andrebbe consumata in tempi brevissimi e comunque conservata in frigorifero a 5° C fino al momento del consumo.

Come conservare la frutta

La frutta andrebbe colta dalla pianta e mangiata... Questo chiaramente è un caso difficile da realizzare nella vita di tutti i giorni... Conservatela il più possibile al fresco (4 o 5 °C è la temperatura ideale) e al riparo da luce molto intensa nonché dal vento.
Attualmente è diffusa l'abitudine, da parte delle catene di distribuzione, di immagazzinare mele, pere, agrumi e altri frutti anche per mesi. Il prodotto destinato a que

È molto meglio usare il miele (purché vergine) come dolcificante, al posto dello zucchero. Il miele, grazie al glucosio e al fruttosio, è molto più digeribile e assimilabile dello zucchero e inoltre contiene vitamine, enzimi e sali minerali molto benefici per l'organismo. È necessario ricordare che il miele è un 'superalimento', molto concentrato e molto energetico: ne sono perciò sufficienti piccole quantità (e inoltre il suo abuso non ne aumenta i benefici).

sto tipo di conservazione non viene colto perfettamente maturo; manca quindi di molte proprietà nutritive tipiche della frutta al giusto punto di maturazione. Una volta tolta dalle celle frigorifere, inoltre, questa frutta deteriora molto in fretta e diventa facilmente farinosa o molle.
Chi vuole conservare la frutta in modo invitante, pronta al consumo, in un bel cesto o in un piatto, eviti di lavarla fino al momento del consumo: la buccia diventerebbe grinzosa e spenta. Le mele e alcuni tipi di pera possono essere lucidati con un telo senza perdere la loro freschezza.

Come conservare la verdura

La verdura ha, almeno in parte, regole simili a quelle della frutta per la sua buona conservazione.
L'insalata si può lavare, asciugare (magari con una centrifuga) e poi conservare in un sacchetto di plastica, nella parte bassa del frigorifero.
Altre verdure 'a foglia', come il sedano e il cavolo, possono essere conservati allo stesso modo, o comunque il più possibile al fresco e al riparo dall'aria e dalla luce (per esempio in un sacchetto di plastica non chiuso ermeticamente, in una cantina buia, fresca e non molta umida).
Le verdure 'a radice' si conservano benissimo anche nella terra. Chi ha un giardino o un terrazzo può proteggerle dal gelo con uno strato di foglie o di paglia. Non occupano molto spazio perché possono essere ammucchiate abbastanza vicine, con poca terra, o torba o sabbia, in mezzo. Chi non può conservarle in questo modo può utilizzare una cassetta piena di sabbia, riposta nella cantina o in un sottoscala. In questo modo, le radici non si disidratano e arrivano sulla tavola come appena colte.
Verso primavera si dovrà accelerarne il consumo perché tendono a mettere germogli.

I pomodori, in modo particolare quelli provenienti da coltivazioni biologiche, colti dalla pianta leggermente acerbi e molto sodi, possono essere disposti su uno scaffale in una cantina buia e fresca e consumati ancora per un certo periodo di tempo anche nella stagione meno clemente. Il loro sapore e il contenuto non sono logicamente quelli del frutto colto maturo dalla pianta, ma si tratta pur sempre di un alimento fresco e sano.

> **La fermentazione lattica**
>
> Un modo particolare per conservare la verdura è quello della fermentazione ad acido lattico. Questo sistema di conservazione non solo non diminuisce il valore alimentare di un cibo, ma addirittura lo aumenta. Le verdure così preparate possono essere conservate tranquillamente per un anno, a volte anche per due o tre anni, senza segni di deperimento. Il gusto è diverso da quello della verdura fresca, ma decisamente gradevole. In determinate condizioni ambientali, lo zucchero contenuto nelle verdure mediante la fermentazione, si trasforma. Il prodotto finale è una verdura croccante, dal colore vivo, ma con un sapore delicatamente acidulo, ottima da consumare da sola ma anche adatta per insaporire altre verdure e insalate crude.
> Il vantaggio particolare di questo tipo di verdura è che non solo non perde in vitamine, ma, durante il procedimento di conservazione, si arricchisce di sostanze vitali. Il contenuto in enzimi, tanto importante per una buona digestione (e forse anche per un buon livello di vitalità), è altissimo, al punto da poter considerare queste verdure 'alimenti-super'.
>
> In passato, con questo sistema venivano preparati i crauti. Tagliati a strisce sottilissime, venivano conditi con sale ed erbe aromatiche e poi pestati finché si coprivano della propria acqua. Per motivi di igiene era necessario controllare e pulire di frequente il contenitore di coccio, l'asse di legno e i sassi che tenevano quest'ultimo in posizione. Con l'avvento dei vasetti di vetro a chiusura ermetica, questa operazione è diventata facile e veloce da eseguire.
> Questo procedimento per la conservazione è adatto per molti tipi di verdura. Si prestano bene alla fermentazione lattica tutte le verdure sode (compresi i pomodori piccoli e verdi). Solo i fagioli e i fagiolini vanno brevemente scottati; gli altri tipi di verdura possono essere usati crudi.
> I vasetti vanno sterilizzati con acqua bollente.
> Le verdure vengono stipate nei contenitori, assieme a erbe aromatiche, come alloro, pimento, cumino e simili.
>
> Preparate una salamoia leggera con 23 g di sale per ogni litro d'acqua. Lasciatela intiepidire e versatela sopra le verdure, arrivando fino a 1 cm circa dall'orlo (il liquido, fermentando, si espande).
> Coprite con una carta pergamena e chiudete bene il coperchio ermetico.
> Lasciate in luogo piuttosto caldo (sopra un armadio in cucina o vicino a un termosifone) per due settimane. Terminate la 'maturazione' per almeno un altro mese in cantina o in luogo buio e fresco. ▶

> ▷
> All'interno nel vasetto, a causa della fermentazione, si creerà un sottovuoto. L'eventuale liquido fuoriuscito durante i primi giorni di fermentazione non dà problemi.
>
> Conservate le vostre verdure anche per un anno e più e, naturalmente, consumatele sempre crude!

La conservazione con olio o aceto

Sia l'olio sia l'aceto vengono impiegati spesso per la conservazione delle verdure. I procedimenti industriali dei prodotti sott'olio sono senz'altro più sicuri, sotto il profilo igienico, di quelli casalinghi. In questi ultimi si va incontro infatti al rischio del botulismo, intossicazione alimentare acuta da tossine elaborate dal bacillo botulino (oltre a disturbi gastrointestinali, il botulismo causa gravi disturbi nervosi e spesso conduce alla morte). Purtroppo i procedimenti industriali sottopongono sempre la verdura a trattamento termico...

Quanto detto per le verdure sott'olio vale anche per i sottaceti: la verdura viene in genere scottata nell'aceto, per cui raramente si tratta di una conserva veramente cruda.

La conservazione con l'aria

L'aria viene spesso sfruttata per l'essiccazione, sia della frutta sia delle verdure. Le albicocche, l'uvetta, i fichi, eccetera sono esempi di frutta essiccata. Pomodori, peperoni e quasi tutte le erbe aromatiche sono verdure che vengono spesso essiccate.

Per i vegetali molto acquosi, come le albicocche o i pomodori, occorre un caldo secco e un sole intenso.
Le erbe aromatiche invece vanno preferibilmente appese o stese in un luogo ombreggiato e arieggiato.

L'essiccazione, se avviene a opera dell'aria, è un sistema di conservazione abbastanza naturale. Oltre all'acqua, fa perdere relativamente pochi principi attivi, almeno in un lasso di tempo breve. Nel volgere di un anno al massimo, le erbe aromatiche essiccate andrebbero sostituite da quelle del nuovo ciclo vegetativo.

Diverso è il discorso della liofilizzazione, dove abbiamo l'intervento di freddo estremo e di sottovuoto (l'eliminazione totale dell'aria in involucro ermeticamente chiuso). Il prodotto finale è ancora discreto, rispetto a quello sottoposto a trattamento di calore, ma non lo si può più definire veramente naturale.

Come conservare i cereali

I cereali costituiscono, una volta essiccati, una vera conserva naturale. Essi, come tutti i semi, mantengono le informazioni genetiche da tramandare e il bagaglio nutritivo da consegnare alla nuova pianta inalterati per lunghi periodi (nel caso dei cereali addirittura per millenni, purché le condizioni ambientali siano favorevoli).

Nelle piramidi egiziane si sono trovati semi di frumento risalenti all'epoca faraonica ancora perfettamente in grado di germogliare. Il clima molto asciutto della zona è stato certamente indispensabile al compiersi di questo miracolo della natura.

Il modo migliore per conservare i cereali in casa è in sacchetti di carta per piccole quantità e in sacchetti di tela, o di iuta, per quantità più importanti.
L'ambiente deve essere asciutto e ventilato. Nel caso di grandi quantità di cereali è consigliabile travasare ogni quattro-sei settimane il contenuto del sacco in un altro, per arieggiare i semi.
Sarebbe inoltre meglio consumarli nel giro di un anno, poiché il raccolto fresco ha una fragranza maggiore.

Nel periodo estivo, quando c'è il rischio delle 'camole', larve di farfalline che amano annidarsi nei cereali, le piccole quantità che si tengono nella dispensa della cucina possono essere conservate in contenitori a chiusura ermetica. Attenzione comunque a consumare questi cereali in tempi brevi.

Come conservare la carne

La carne viene conservata al freddo, ma anche in questo caso il lavoro dei microrganismi è continuo. Ciò favorisce da una parte l'ambita frollatura, che rende più tenera e saporita la carne, dall'altra quei processi di decomposizione che sono contestati soprattutto dai vegetariani.
Anche se eschimesi e lapponi fanno frollare la loro car-

Le uova andrebbero consumate preferibilmente nel giro
di ventiquattro ore, anche perché il loro guscio non è affatto
impenetrabile ai batteri. Soprattutto chi consuma crude
le uova dovrebbe sempre cercarle freschissime e di fonte sicura,
cioè di galline ruspanti e nutrite con alimenti il più possibile
naturali.
Se le uova si dovessero conservare per più di un giorno,
è ovviamente consigliabile tenerle al fresco, nel reparto
apposito del frigorifero.

ne sotto il ghiaccio e la consumano mesi dopo, a quanto pare con beneficio, noi siamo ugualmente dell'avviso che la carne sia proponibile solo fresca, anzi freschissima, in modo particolare quella che andrà consumata cruda. Per renderla tenera può essere utile la battitura, il taglio a fettine sottilissime, la macinazione e la macerazione con limone, ed eventualmente olio. Per la carne, quindi consigliamo il freddo per la conservazione e il consumo comunque in tempi molto brevi.

Mangiar cruda la carne congelata è meno consigliabile. In questo caso si avverte più facilmente la modifica delle proprietà organolettiche. Una volta tolta dal freddo, la carne viene esposta a un deterioramento più rapido di quella fresca.

Come conservare il pesce

Il pesce si deteriora ancora più in fretta della carne. Il noto proverbio popolare dice che il pesce, al terzo giorno, puzza... È infatti sconsigliabile consumare del pesce che abbia superato questo periodo. Si può dire che, per fortuna, si avverte dall'odore quando il pesce diventa 'maturo'. Soprattutto il pesce da mangiar crudo dovrebbe essere freschissimo, magari appena pescato o acquistato da un piccolo peschereccio che è appena arrivato dopo una sola notte di pesca. Altrimenti ci vuole un fornitore di fiducia che possa garantire l'assoluta freschezza della merce. Egli lo avrà scupolosamente conservato con il ghiaccio, e altrettanto farete voi fino al momento della preparazione.

Ricette facili per tante occasioni

La prima colazione

La prima colazione consigliata da M. Bircher Benner (*vedi* il capitolo 'Crudo o cotto? Opinioni a confronto') è il müesli.
Sovente si sente chiamare questo tipo di preparazione 'Bircher müesli'. *Müesli* vuol dire letteralmente 'pappetta', 'purea'. M. Bircher Benner osservò che le popolazioni di alcune vallate della Svizzera erano particolarmente sane e forti e che in quelle località si faceva uso di cereali, latte e frutta in abbondanza.

Bircher-müesli

Occorrono:
fiocchi di cereali a piacere (frumento, segale, avena, orzo, miglio, riso, mais, di un tipo solo o in miscela),
latte fresco,
frutta oleosa (mandorle, semi di sesamo, nocciole, noci),
frutta fresca non acida (mele, pere, banane, ma non agrumi),
uvetta,
(facoltativo) poco miele e/o panna liquida o montata.

Disponete i fiocchi in un piatto fondo o in una piccola terrina e versatevi sopra tanto latte quanto basta per bagnarli bene e ammorbidirli. Mondate la frutta fresca, tagliatela a pezzettini e aggiungetela all'impasto di latte e cereali (assieme alla frutta oleosa sminuzzata o tritata). Lavate l'uvetta (se è stata trattata con zolfo è meglio lasciarla addirittura a bagno per almeno dieci minuti prima di sciacquarla). Fatela sgocciolare e mescolatela con tutti gli altri ingredienti.
Il müesli preparato in questo modo è già normalmente dolce a sufficienza; esso può però essere dolcificato ancora con un po' di miele. Un cucchiaio di panna liquida o montata rende il tutto particolarmente invitante.

Il müesli, secondo la ricetta di M.V. Bruker, medico tedesco, è composto da cereali totalmente crudi.

Le versioni sono due. Una prevede l'utilizzazione di germogli di cereali. La seconda propone di macinarli grossolanamente alla sera, metterli a bagno con poca acqua ed elaborarli al mattino. Ambedue queste ricette sono rimedi sicuri contro la stitichezza, oltre che un alimento sano ed energetico.

Müesli di cereali macinati

Frantumate nel mortaio, alla sera, due cucchiai di cereali per ogni persona. Aggiungete una quantità pari di acqua fresca e coprite fino al mattino. Prima di consumare, aggiungete latte fresco e/o panna liquida, frutta fresca, semi oleosi (noci, mandorle, pinoli, semi di sesamo e simili) e uvetta e/o miele per dolcificare.

Il müesli non dovrebbe essere conservato dopo essere stato preparato perché rischierebbe di fermentare.

Müesli di germogli

Occorrono:
germogli di cereali a piacere,
rapanelli tagliati a fettine sottili,
crescione (o germogli di crescione),
alcune gocce di tamari,
(facoltativo) un filo d'olio.

Mescolate bene, in modo da ottenere un composto omogeneo. Questa variante di müesli, non dolce, può essere consumata anche come pranzo o cena. Del resto, qualsiasi müesli costituisce un pasto completo e può essere consumato a qualsiasi ora del giorno.

La ricetta che segue dimostra che è possibile indurre la germinazione dei semi di vari tipi di cereali, a piacere. Potete provare con il frumento, la segale, l'orzo, il miglio e il riso. Sono sufficienti ventiquattro ore per preparare un 'pane non cotto'.

Il pane senza cottura

Frantumate i semi germogliati nel mortaio o nel frullatore, ma in modo non finissimo. Mescolateli con erbe aromatiche, sale marino integrale ed eventualmente con germogli tritati di leguminose (lenticchie, piselli, ceci). Impastate bene e formate focacce sottili.

Esponetele al sole, appoggiate su piatti larghi, che si possano riscaldare anch'essi. Dopo circa dodici ore, girate le focacce. Ritiratele alla sera. Conservatele in luogo fresco e asciutto, ma non per periodi lunghi.

Il cibo crudo per eccellenza è costituito dai germogli. Far germogliare i cereali e certe leguminose è pressoché l'unico modo per consumarli crudi, ed è sicuramente quello più salutare. Durante la germinazione si sveglia la vita addormentata nel seme: questo non soltanto diventa tenero e si ingrossa, ma moltiplica anche enormemente il suo contenuto in vitamine e in sali minerali.
Preparare i germogli è facile; vediamo come si fa.
Sciacquate i semi ogni giorno, una o due volte, con acqua fresca.
Lasciateli riposare, in strato non troppo alto, su un piatto o nell'apposito germogliatore. (All'inizio, per accelerare la germinazione, si possono lasciare a bagno i semi per un paio d'ore. In seguito si dovrà evitare l'eccesso di acqua.
L'ambiente deve essere temperato e la luce poco forte.)
Una volta che il seme è germogliato (a seconda del diametro, occorrono da due a sei giorni), viene favorita la formazione di clorofilla, a scapito però della tenerezza e degli altri componenti vitali del germoglio. Non buttate il seme, tenendo solo il germoglio: è nel seme che trovate il massimo contenuto di elementi nutritivi!

Questo 'pane' può essere consumato a colazione, con un po' di miele oppure con dei semi oleosi. Si può anche mangiare dopo la frutta ed è sempre un valido accompagnamento delle verdure o di altri piatti consumati durante il giorno.

Lo yogurt alla frutta è un'ottima prima colazione, ma sarebbe meglio prepararlo in casa. Gli yogurt commerciali alla frutta, infatti, per evitare che quest'ultima si depositi sul fondo del vasetto, contengono emulsionanti e stabilizzanti. Noi riusciamo a evitare questi additivi mescolando al momento la frutta con lo yogurt. Alla fine possiamo dolcificare con un po' di miele.
Lo yogurt può essere preparato in casa, ma è valido anche quello commerciale, purché con fermenti vivi. Sono gustosi tutti i frutti, ma gli agrumi non si prestano particolarmente bene alla miscela con lo yogurt. Per quanto riguarda il sapore, lo yogurt si sposa bene con frutta semi-acida oppure dolce, con le banane, i datteri, le mele, le pere, l'ananas, i frutti di bosco, le ciliegie, il kiwi, eccetera.

La prima colazione può consistere benissimo di frutta fresca, da sola o seguita da altre cose, per esempio lo yogurt, il pane cotto senza fuoco, il müesli o altro. Per quanto riguarda la frutta, l'unica cosa da tener presente è la corretta combinazione tra i vari elementi. Mangiare insieme frutti molto acidi e molto dolci, per esempio banana e pompelmo, può creare infatti disturbi gastrici e intestinali alle persone più delicate.

Lo spuntino

Lo spuntino è in genere consumato in un breve momento di pausa, a metà mattinata o nel pomeriggio. Non c'è, salvo casi eccezionali, la possibilità e nemmeno il desiderio di 'cucinare', di preparare o di consumare cibi elaborati. È quindi il momento ideale per il crudo, a secondo dei gusti.
Vanno benissimo per lo spuntino lo yogurt, la frutta, un succo di frutta o di verdura, una carota o un gambo di sedano, mangiati anche sconditi... Anche chi passa tutta la giornata in ufficio senza la possibilità di uscire troverà modo di portarsi da casa una di queste cose. Inoltre, molti bar si sono già attrezzati per offrire una

bella varietà di questi prodotti, magari come accompa
gnamento dell'aperitivo. Ma questo può consistere, ap
punto, in un succo di verdure, possibilmente prodotto
al momento dall'apposita centrifuga del bar.

**Il pasto
di mezzogiorno
(... o la cena)**

Il pasto di mezzogiorno può essere veloce, al banco self
service sotto l'ufficio, e allora è particolarmente facile
comporlo con alimenti tutti crudi. Potete scegliere fra
le varie insalate e verdure, accompagnate, a piacere, da
un bicchiere di latte, un pezzo di formaggio (di cui sap
piamo che è certamente, o quasi, di pasta cruda, pe
esempio il gorgonzola, la robiola, la caciotta, il taleg
gio, la scamorza, la mozzarella, lo stracchino, il provo
lone, la crescenza, il caprino, il taleggio, il quartirolo).
La parte proteica del vostro pasto può essere costituit
anche da prosciutto crudo o bresaola, oppure da un be
piatto di alici all'olio e limone.

Le verdure

Preparare il pranzo (o la cena) a casa dà infinite possi
bilità di creazioni e varianti. Vediamo alcune ricette
più o meno usuali, che si prestano bene a stuzzicare l'oc
chio e il palato.

Melanzane crude

Questo è un piatto proteico, molto appetitoso e stuzzicante.

Affettate una o più melanzane tenere in modo da ottenere di
schi dello spessore di circa mezzo centimetro. Cospargeteli di
sale. Lasciatele 'purgare' per almeno un'ora per togliere il sapo
re amaro tipico della melanzana cruda.

Preparate poi un battuto di aglio, prezzemolo, olio e pochissi
mo sale e immergetevi le fette di melanzane, previamente ri
sciaquate.
Lasciate a insaporire per circa ventiquattr'ore, rigirando di tanto
in tanto.

Per quanto riguarda le verdure, il pinzimonio (il co
dimento di olio, pepe e sale in cui si intingono gli o
taggi crudi) è un modo di gustarle molto semplice, sa
no e appetitoso.
Moltissime sono le verdure adatte per essere gusta
in pinzimonio: i gambi di sedano, le carote, i cipollo

Le salse

ti, i porri, le cime tenere di bietole o coste, i rapanelli, i ramolacci, le rape, le zucchine tenere, i cetrioli piccoli e sodi, le barbabietole (tagliate a listarelle), i cardi, i ciuffetti di cavolfiore, i peperoni (tagliati a striscioline): tutto ciò che ci può suggerire la fantasia o la disponibilità della stagione.

Le salse sono particolarmente adatte al pinzimonio, ma possono essere usate anche per condire o decorare altre verdure crude, disposte in un piatto, oppure la carne o il pesce.

Salsa all'avocado

Occorrono:
1 avocado maturo e morbido,
capperi,
olive a piacere (eventualmente del tipo piccante),
olio extra vergine,
(facoltativo) acciughe dissalate e disliscate.

Frullate la polpa dell'avocado con gli altri ingredienti finché il composto è ben amalgamato. Servite in una coppa di cristallo. Potete decorare la salsa con ciuffetti di sedano.

Salsa di rapanelli

Grattugiate finemente alcuni rapanelli assieme a cipolla o erba cipollina. Mescolate con panna liquida, qualche goccia di limone, sale marino integrale ed erbe aromatiche. Chi desiderasse la salsa particolarmente piccante può aggiungere senape dietetica e peperoncino.

Pesto

Quasi ogni famiglia genovese ha la sua ricetta per prepararlo. Noi descriviamo la preparazione di un pesto 'base'. Pestate in un mortaio di marmo, fino a ridurre in poltiglia, foglie di basilico in abbondanza, uno spicchio d'aglio, alcuni cucchiai di pinoli, sale marino integrale e, volendo, formaggio grattugiato (grana o pecorino). Aggiungete a poco a poco olio di oliva extravergine, fino a ottenere un impasto omogeneo e morbido.
La lavorazione con il frullatore è più comoda e veloce, ma l'aroma del basilico viene diminuito.

Salsa piccante alle acciughe

Togliete le lische ad alcune acciughe e lavatele. Tritatele finemente, assieme a qualche spicchio d'aglio e a peperoncino rosso piccante. Salate e aggiungete lentamente alcune gocce di olio, agitando velocemente.

Per rendere il composto più cremoso, potete aggiungere germe di grano, nocciole tritate finemente, panna montata non zuccherata, un tuorlo d'uovo o ricotta.

Salsa al cren

È utile tenere in frigorifero un vasetto di cren (rafano) preparato in anticipo, perché il suo gusto matura, durante la lenta macerazione nell'aceto. Mondate e pulite la radice di cren e grattugiatela finemente (meglio in un elettrodomestico chiuso). Questa preparazione fa lacrimare notevolmente: tenete le finestre aperte e magari tenete gli occhiali. Anche così non sarete completamente al riparo da un abbondante pianto (che tuttavia non è irritante per gli occhi e per le vie respiratorie). Versate subito in un vasetto di vetro, mescolate con sale marino integrale e coprite con aceto di mele o succo di limone. Chiudete con un coperchio ermetico. Il cren così preparato arricchisce il gusto di molte salse, sia di quelle a base di maionese, sia di quelle con lo yogurt o la panna.

Maionese

Questa salsa è un 'classico', da sempre cruda perché si scioglierebbe al minimo calore...

Frullate il tuorlo d'uovo con olio, versato a goccia a goccia, mantenendo sempre una buona consistenza.

Alcune gocce di limone, aggiunte all'inizio, possono facilitare il 'montare' della maionese.

Alla fine, aggiungete sale ed eventuali altri sapori, come erbe aromatiche fresche o secche.

La maionese si presta alla preparazione di infinite sa se perché costituisce una 'base' di sapore abbastanz neutro da reggere qualsiasi altro gusto.
È esagerata la sua fama di essere 'pesante': sicurame te, oltre che di quantità, è senz'altro anche question di combinazione. Aggiunta infatti al pesce lesso o al bo lito di carne è certamente di digeribilità non molto f:

cile. Un piatto di verdure miste decorate o insaporite con maionese si digerisce invece senza difficoltà. La maionese comunque può essere resa più leggera e più fluida tramite qualche trucco, per esempio aggiungendo qualche cucchiaio di latte o di succo di verdura.
Se proprio non la si tollera, si può ricorrere alla finta maionese, ossia la 'maionese senza uova' o alle sue 'varianti'.

Maionese senza uova... e varianti

Occorrono:
5 cucchiai di ricotta,
olio (quanto basta),
zafferano per dare il tipico colore giallo,
sale marino integrale,
poche gocce di limone,
erbe aromatiche fresche o secche.

Amalgamate bene il tutto, con l'aiuto di un frullatore.

Le seguenti ricette di salse sono di semplice esecuzione (basta amalgamare gli ingredienti con il frullatore oppure, ancora più facilmente, con un cucchiaio).

Per la salsa alla senape occorrono:
senape dietetica,
aceto di mele quanto basta per rendere più fluida la senape,
olio e sale secondo il gusto personale.

Per preparare la salsa a base di *tahin* occorrono:
tahin (crema ottenuta dalla soia, piuttosto pastosa),
limone, olio, sale e erbe aromatiche a piacere.

Per la salsa con le mandorle occorrono:
mandorle private della pellicina scura, tritate finemente,
olio di oliva extra vergine,
tamari (salsa di soia),
erbe aromatiche a piacere.

Il burro è un'altra base ideale per creare salse o creme da spalmare. Consumato crudo e in quantità moderate il burro non dà problemi specialmente se viene inserito in un'alimentazione disintossicante quale quella a base di cibi crudi.
Il burro può essere mescolato con paprica, con prezzemolo e aglio, con curry, insomma con moltissimi sapori ed erbe. Il risultato sarà sempre piacevole per l'occhio, gratificante per il palato e valido sotto il profilo nutrizionale.

Si può anche creare, con facili mezzi, un 'finto burro', rendendo cremoso e omogeneo qualche vegetale. Utile a questo scopo è la farina di soia mescolata con olio. Si ottiene una crema densa e omogenea.
Anche una miscela di verdure crude tritate finissime può sostituire una salsa (per esempio carote con capperi, oppure sedano di Verona con olive e prezzemolo, o rape allo zenzero...).

Le minestre

Le minestre e le creme fredde si realizzano abbastanza in fretta, soprattutto da quando c'è un frullatore a disposizione. Ci si abituerà ben presto sia al fatto che la zuppa non sia fumante sia al suo gusto piuttosto forte. Quest'ultimo dipende dal fatto che il vegetale crudo ha conservato tutte le sue caratteristiche.

Zuppa di pomodoro

La zuppa di pomodoro si ottiene da pomodori ben maturi e rossi, frullati assieme a cipolle e carote (eventualmente tagliati a pezzetti prima, se il vostro frullatore non riesce a sminuzzarli). Non dimenticate mai le erbe aromatiche, in questo caso prezzemolo, basilico, timo e origano. Aggiungete sale o tamari a piacere.

In tavola si presenterà l'olio crudo e una brocca con succo di limone, che ogni commensale aggiungerà secondo i propri gusti.

Come varianti potete aggiungere una o più di queste verdure, finemente grattugiate, oppure frullate assieme: rapanelli, rape, sedano, aglio.

Brodo di carote e sedano

Anziché con il frullatore, si ottiene con la centrifuga.
Il succo si può insaporire con sale marino o tamari e con erbe aromatiche. Alla fine aggiungete qualche goccia d'olio.

Minestrone

Vanno bene quasi tutte le verdure dell'orto usate solitamente per il minestrone, solo che in questo caso restano rigorosamente crude. Fra le leguminose si possono usare le fave tagliate a fettine sottilissime, i piselli teneri appena sgusciati, le lenticchie germogliate o i fagioli conservati con il metodo della fermentazione ad acido lattico. I pomodori, le carote e il ▶

▷

sedano verranno centrifugati. Le cipolle e il cavolo saranno invece grattugiati finemente. Si presta bene a questa preparazione anche il cetriolo, ortaggio tabù per i piatti cotti. Potete frullare e aggiungere anche gli zucchini teneri. Una o due patate, sotto forma di succo, completano il valore alimentare della minestra senza guastarne il sapore. Alla fine aggiungete aglio e/o porro finemente tritati e, a seconda dei gusti, olio e limone.

Minestra di zucca

Chi avrebbe mai pensato di poter mangiare la zucca cruda? Purché sia ben matura e gialla, essa si presta invece benissimo sia per un'insalata di verdure crude miste (grattugiata assieme a carote e cavolo), sia a una minestra densa e dal colore solare.

La polpa di zucca (300 g per persona) viene frullata assieme a carote, pomodori, cipolla e aglio. Insaporite il composto con rosmarino (eventualmente polverizzato se gli aghi dessero fastidio), aglio, olio e prezzemolo.

In una giornata invernale veramente fredda questo brodo può essere intiepidito, ma senza mai superare i 40° C e comunque sempre mescolando.

Tutte le minestre possono essere addensate e rese più nutrienti con l'aggiunta di semi oleosi: pinoli, noci, nocciole, semi di girasole, mandorle, noce di cocco e simili. A seconda dei gusti e dell'aspetto estetico che si vuole raggiungere, si spezzano grossolanamente i semi (alcuni si possono lasciare interi) oppure si macinano finemente con il macinacaffè, proprio per rendere più consistente la minestra.

Crema di funghi

Frullate 500 g di *champignons* assieme a due teste di porcini. Aggiungete panna liquida, aglio finemente tritato, due foglioline di menta ridotte in poltiglia nel mortaio. Più semplicemente, potete frullare, assieme ai funghi, sale e olio. Servite questa crema fresca di frigorifero, oppure intiepidite appena a bagnomaria.

Crema di cereali ai tartufi

Mettete a bagno in acqua fiocchi di cereali (del tipo morbido e chiaro, per esempio fiocchi di miglio o di riso) assieme a una manciata di germe di grano. Dopo un quarto d'ora circa, quando si sono gonfiati bene, frullate assieme a un gambo di sedano, una carota, un porro. Insaporite con sale marino integrale e qualche goccia d'olio. Decorate al momento di servire con tartufi freschi tagliati a scaglie sottili.

Crema di ceci

Lasciate a bagno due tazze di ceci per una notte. Scolate leggermente e lasciate riposare per almeno un giorno (inizia la germinazione). Sciacquate e frullate assieme a olio, sale marino integrale, rosmarino fresco, prezzemolo e funghi freschi. Aggiungete aglio finemente tritato (l'aglio diventa amaro, se viene frullato). Potete alla fine aggiungere pomodori maturi, anche loro ridotti in poltiglia nel frullatore, per dare la consistenza desiderata alla minestra.

I secondi

Abbiamo visto una serie di ricette per i primi piatti. E come secondo? Ecco alcuni consigli per preparare ottimi 'secondi'.

Polpettone

Gli ingredienti sono quasi gli stessi che solitamente costituiscono il polpettone casalingo. L'unica differenza è che, in questo caso, non sono cotti.

Occorrono:
carne bovina, tritata finemente e lasciata macerare per almeno trenta-quaranta minuti con abbondante succo di limone,
prosciutto crudo,
tuorlo d'uovo,
varie verdure tritate finemente, come sedano, carote, cipolla, navone,
sale marino integrale,
peperoncino o pepe,
qualche goccia d'olio.

A seconda della consistenza delle verdure, si può aggiungere all'impasto del polpettone pomodori o cetrioli centrifugati (se fosse troppo denso) o fiocchi di cereali (per renderlo invece più sodo). ▶

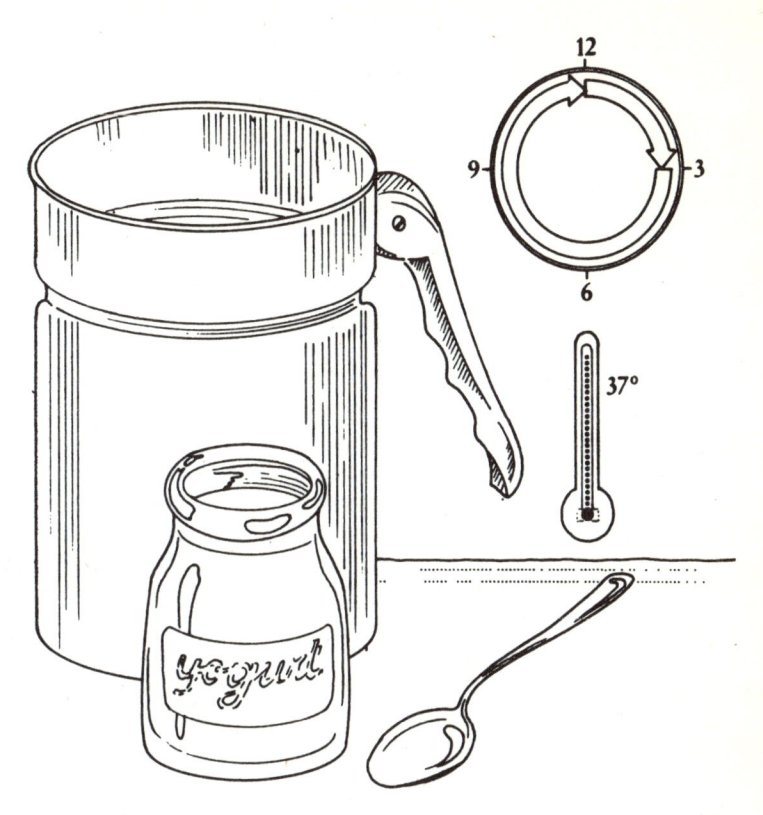

Potete preparare in casa dell'ottimo yogurt, partendo
da un altro yogurt, che abbia naturalmente i 'bacilli vivi'
e senza l'aggiunta di altri ingredienti.
Riscaldate leggermente un litro di latte (attenzione
a non superare i 40 °C) e versatevi due cucchiai di yogurt,
mescolando accuratamente. Coprite il recipiente
con un panno pulito e avvolgetelo in una pezza di lana.
Lasciatelo riposare fino a che non si formerà un coagulo
con il grado di consistenza e acidità desiderato
(da 3 a 12 ore).

> Versate il composto in una tortiera oppure formate una 'salsiccia' con l'aiuto di un panno. Lasciate riposare in frigorifero per alcune ore. Solo quando è ben freddo, infatti, il polpettone si taglierà con facilità.

Polpettine crude

La carne cruda macerata può essere mescolata con scalogno o erba cipollina tritati e una punta di salsa di cren. Per chi non ama odori così forti si può ricorrere ai pinoli, a scaglie di formaggio grana, a verdure come sedano e carote finemente tritati (e anch'essi macerati in aceto di mele o limone). Di grande effetto sono sempre le erbe aromatiche, da usare in abbondanza. Non utilizzate soltanto il rosmarino e la salvia, ma anche l'origano, il timo, il dragoncello, la santoreggia, il prezzemolo, l'aneto e tutto ciò che riuscite a trovare, fresco o secco.

I volatili si prestano meglio di quanto si potrebbe pensare a essere mangiati crudi. La loro carne è chiara e in genere abbastanza tenera per poter essere elaborata a piacere.

Faraona alle olive nere

Macinate la carne cruda della faraona, lasciatela macerare per una notte in succo di limone e poi insaporitela con sale marino integrale, olive nere sminuzzate, prezzemolo, poco aglio, qualche goccia d'olio e timo. Lasciatela riposare in frigorifero per alcune ore e servite in coppe di cristallo. Decorate con foglie di insalata o di cavolo rosso.

Varianti interessanti a quest'ultima ricetta possono essere ottenute con il pollo e l'anatra. Potete utilizzare anche sapori più o meno marcati: capperi, olive piccanti, peperoncino, acciughe pestate, eccetera. Il gusto pieno si svilupperà solo dopo qualche ora di macerazione.

Un piatto semplice, ma molto gustoso, è costituito da 'fave e pecorino'.

Fave e pecorino

È un piatto 'ultraproteico' che però, in quantità moderata, è molto gradevole.
Nell'Italia centrale si usava consumare il pecorino accompagnato da fave fresche, tenere, appena sgusciate. Il sapore è alquanto marcato per i nostri palati; lo si può mitigare in questo modo: tagliate a fettine sottili le fave e a scaglie il pecorino. Aggiungete un po' di sedano tritato e qualche altra verdura. Condite con una salsa leggera a base di senape dietetica allungata con olio.

Polpettone di avocado

Mescolate la polpa di avocado con semi di girasole, pinoli, pistacchi e cocco grattugiato, capperi, olive e funghi freschi. Aggiungete sale ed erbe aromatiche a secondo della necessità. Formate un polpettone e lasciate riposare in frigorifero per alcune ore. Affettate e servite con panna liquida gelata, frullata con foglie di menta.

Chi non se la sente di passare al crudo 'assoluto', che presenta gli alimenti in tavola allo stato naturale, passerà attraverso varie fasi di elaborazione che ricordano le ricette del cotto. Lo sformato è una di queste.
Gli ingredienti possono essere lasciati interi oppure essere sminuzzati più o meno finemente. Come al solito, non vi sono limiti alla fantasia e alla creatività.

Sformato di germogli e fiocchi

La base di questa ricetta sono i germogli (ottima la combinazione di sapori dolci come ceci o lenticchie con sapori piccanti come crescione o senape) e i fiocchi di cereali.
I fiocchi di riso e di miglio sono i più chiari di colore e i più teneri, quindi particolarmente adatti a essere amalgamati con i germogli.

La cucina con il pesce crudo è un campo ancora tutto da esplorare e da scoprire, almeno in Italia dove solitamente solo le acciughe si consumano al naturale. Molti tipi di pesce restano ancora in attesa di essere conosciuti dai buongustai.

Da lungo tempo nei porti di mare si consumano cozze e ricci di mare, appena pescati e cosparsi di abbondante succo di limone. Solo l'inquinamento delle zone costiere ha ridotto questa abitudine, che si va sempre più delimitando a porticcioli più piccoli e più lontani dalle zone 'a rischio'.

I crostacei sono squisiti al naturale, senza l'aggiunta di nulla, nemmeno del succo di limone, a patto che siano freschissimi, appena pescati. In occasione della cena offerta agli amici potete ricorrere a pesci più 'sicuri', come branzino, orata, dentici, sgombri, triglie, scorfani, tonno o altro, per quanto riguarda i pesci di mare. La trota salmonata va benissimo se volete invece servire pesce di acqua dolce.

La preparazione è la stessa che abbiamo visto per la carne: il pesce, sfilettato, viene tagliato a fettine (oppure tritato finemente). I bocconi possono però essere anche un poco più grossi di quelli della carne in quanto il pesce più tenero si impregna facilmente con il liquido di macerazione o con il condimento.

Di solito si lascia il pesce nel succo di limone per alcune ore. La macerazione deve però durare almeno dieci minuti, sia per una questione di igiene alimentare (il limone ha proprietà battericide) sia per il gusto fresco che il limone conferisce. Alla fine il pesce viene sgocciolato oppure asciugato e servito assieme alle sue salse. Può anche essere messo a marinare in una di queste per un certo periodo di tempo.

Insalata di branzino e funghi

Tritate finemente alcuni pezzi di branzino sfilettato. Condite con il succo di un limone, sale marino integrale, qualche goccia d'olio, funghi freschi tagliati a fettine sottili ed erbe aromatiche come aneto, menta, cerfoglio, erba cipollina. Servite in conchiglie o in gusci vuoti di granseola oppure in coppe di cristallo. Decorate con verdure crude.

> **Spiedini di tonno**
>
> Tagliate il filetto di tonno a cubetti di circa due centimetri per lato. Lasciate macerare in una miscela di succo di limone, aceto di mele ed erbe aromatiche per alcune ore. Scolate e lasciate di nuovo riposare per almeno un'ora in una salsa (fatta con olive piccanti, capperi, sedano e cipolla, olio e sale frullati assieme). Infilate su spiedini. Anche questi ultimi possono, a loro volta, essere infilati su un pompelmo, un'ananas, un cavolfiore o quanto altro la fantasia suggerisce...

> **Brodo di triglie**
>
> Questo brodo può essere servito in qualsiasi momento della cena, non necessariamente all'inizio.
>
> Sfilettate e tritate finemente due triglie assieme ad abbondante prezzemolo e basilico (e un po' di origano). Frullate, a parte, pomodori ben maturi. Insaporite con sale, olio, pepe, e, volendo, qualche goccia di limone.

Il contorno ideale per un simile piatto di pesce sono le alghe. Quelle del Mediterraneo, pur essendo spesso commestibili, sono poco conosciute dalla popolazione anche costiera. È invece relativamente più facile acquistare alghe secche provenienti soprattutto dall'Oceano Pacifico: *nori*, *kombu* e simili.

Lasciate le alghe in poca acqua per circa mezz'ora. Insaporitele con olio e tamari oppure con aglio tritato. Sminuzzatele oppure usatele per avvolgere o decorare altre pietanze.

(Per altre ricette di pesce, *vedi* il paragrafo 'In crociera', in questo stesso capitolo.)

L'ora del tè

È un fatto sociale, specie nei Paesi anglosassoni, e può essere anche un'esigenza fisiologica, specialmente dopo un pranzo leggero e in previsione di una cena consumata a tarda ora. Ma il tè è ottenuto con acqua bollente... Vediamo delle alternative al tè tradizionale. Proviamo a usare il 'macerato', la bevanda ottenuta cioè lasciando riposare nell'acqua fresca dei vegetali, per un certo tempo. (In questo caso bisogna naturalmente pensare per tempo alla preparazione).

Le bucce delle mele (biologiche) possono essere messe a macerare nell'acqua durante la notte. Se ne ottiene un liquido dal sapore delicatissimo e molto fresco.
C'è chi sostiene che i petali di fiordaliso, lasciati in acqua per alcune ore, gli trasmettono energia e serenità. Qualunque sia la ricetta, presentate la bevanda con le tracce visive di quanto è rimasto immerso in essa, appunto qualche petalo di fiore, o uno spicchio di frutta.

A proposito di bevande, i succhi sono molto adatti per spezzare la fame ed evitare una caduta del tasso glicemico. Ma cosa servire, al posto dei soliti pasticcini? Sono molto belli da vedere (e buoni) i fichi con le mandorle al centro. Anche con i datteri si possono ottenere effetti simili magari mettendo, al posto delle mandorle, le noci.

Per gli ospiti che temono gli alimenti troppo calorici, si possono preparare gli spiedini di frutta: ananas, kiwi, melone e altri frutti tagliati a cubetti e infilati su spiedini di avorio (per chi avesse avuto occasione di trovarli in qualche viaggio lontano...) o su stuzzicadenti che possono essere decorati con fiocchetti di carta. Esistono già in commercio spiedini di diversi materiali decorati in modo molto piacevole.

La merenda dei bambini

La merenda dei bambini può essere anche piuttosto energetica. Non c'è infatti il timore della 'linea' che spesso affligge gli adulti. I dolci preparati in casa con frutta secca e semi oleosi sono molto nutrienti e graditissimi

Rotolo di fichi e uvetta

Lavate e asciugate bene 400 g di uvetta.
Sminuzzateli insieme a 500 g di fichi secchi e 200 g di datteri, 100 g di nocciole o noci e altrettanti di semi di girasole (o mandorle).
Mescolate e impastate bene fino a ottenere una massa omogenea. Per renderla più morbida, aggiungete un po' di miele di acacia. Per renderla più consistente, aggiungete invece mandorle macinate.
Formate un rotolo e lasciatelo riposare per almeno un giorno.
Dopo ventiquattro ore il dolce si affetta con molta facilità.

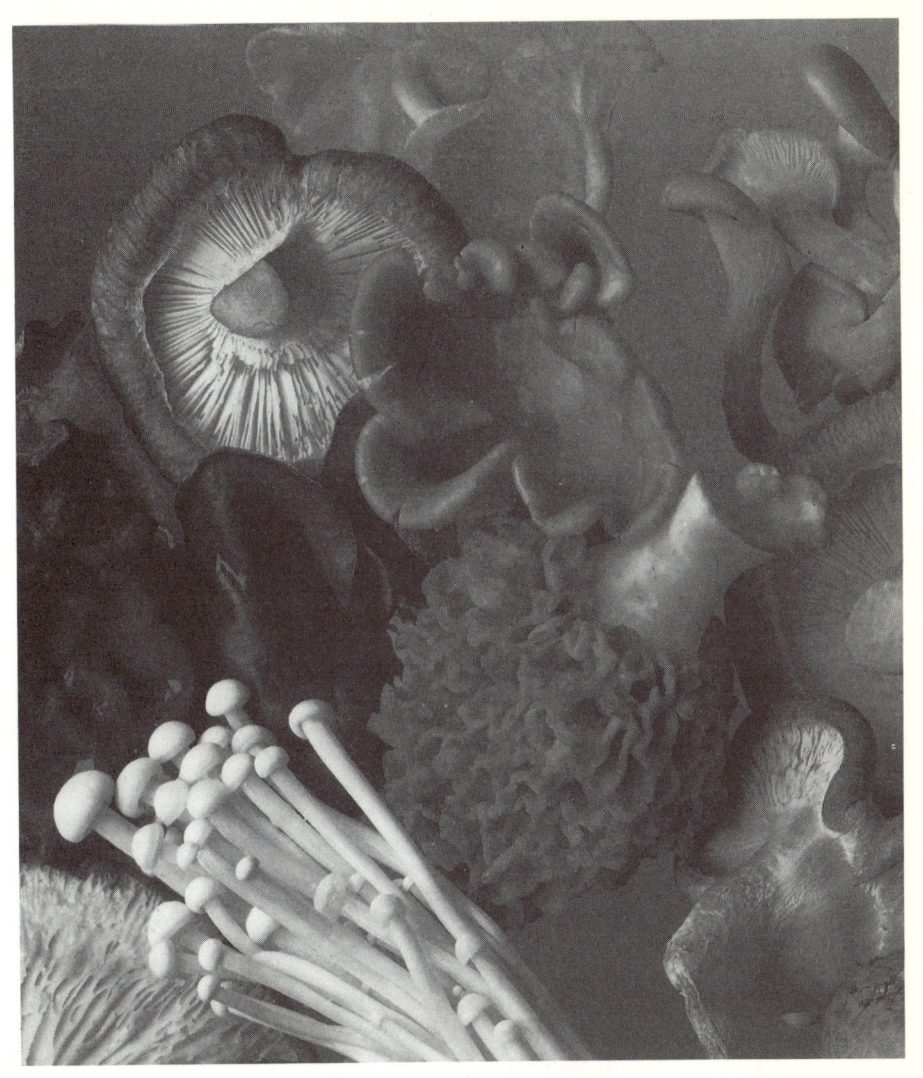

I funghi più adatti a essere mangiati crudi sono, oltre
alle varie specie coltivate, i prataioli, i porcini e gli ovoli.
Puliteli accuratamente con il coltello e con un panno
un po' ruvido per eliminare le tracce di terra (potete anche
sciacquarli rapidamente, a patto poi di asciugarli subito
e bene).
Tagliateli a fettine sottilissime e conditeli con limone, sale
e olio (o con una salsa a piacere).
Oltre a essere un'ottima insalata in sé, i funghi crudi
sono adatti per essere aggiunti a quasi tutte le insalate,
migliorandone il sapore. Sono squisiti anche sopra il carpaccio
o le fette di bresaola, sempre condite con olio e limone.

Crema di germe di grano e uvetta

Occorrono per ogni persona:
3 cucchiai di germe di grano (conservare la confezione aperta in contenitore ermetico, in frigorifero!),
1 cucchiaio di uvetta,
(facoltativo) prugne secche o fichi secchi,
(facoltativo) un po' di miele,
latte fresco.

Lasciate gonfiare per circa dieci minuti il germe di grano nel latte. Nel frattempo lasciate a bagno l'uvetta, poi sciacquatela accuratamente, scolatela e asciugatela.
Tritatela grossolanamente con gli eventuali altri ingredienti, come le prugne o i fichi secchi, e aggiungete al germe di grano, mescolando.

Yogurt alla frutta

Occorrono per ogni persona:
una tazza di yogurt (preparato in casa o comunque contenente fermenti vivi),
mezza tazza di frutta fresca di stagione (mirtilli, lamponi, ribes, ciliegie, more, fragole, pere e simili), un cucchiaio di semi di girasole o pinoli, un cucchiaio di miele d'acacia (o altro miele liquido e dal sapore blando).

Conviene mescolare tutti gli ingredienti a mano, con delicatezza, per non 'sporcare' lo yogurt con il colore della frutta. Se fate questa operazione all'ultimo momento, potete evitare che la frutta e i semi si depositino sul fondo della coppa.

Il rinfresco

A quasiasi ora venga offerto, un rinfresco richiede una preparazione in anticipo. Le verdure ripiene sono sempre gradevoli da vedere. Quel che stupirà i vostri ospiti saranno il sapore e l'aspetto invitante dei ripieni, tutti crudi. Eccone alcuni esempi.

Pomodori ripieni

I pomodori devono essere abbastanza maturi da essere saporiti, ma al tempo stesso ben sodi. Lavateli e tagliatene via la parte superiore. Svuotateli e riempiteli di una miscela di germogli (meglio se un insieme di tipi piccanti e dolci: ceci, soia e crescione, oppure lenticchie, riso e senape), grossolanamente tritati, e una maionese fluida.

Zucchine ripiene

Le zucchine da mangiare crude devono essere, ovviamente, molto tenere e fresche. Spazzolatele sotto l'acqua corrente, privatele delle punte, tagliatele a metà e riempitele di una miscela fatta di formaggi dolci e piccanti, con l'aggiunta di erbe aromatiche.

Cetrioli ripieni

Ricordate gli ingredienti per il *gazpacho*? Sono quelli che accompagnano in modo ideale i cetrioli: pomodoro, cipolla o porro, peperone, il tutto tagliato a cubetti. Se volete dare consistenza e omogeneità al ripieno, mescolate con mandorle o nocciole tritate o macinate. Anche i germi di grano vanno bene per questo scopo, e il loro sapore è simile.

Peperoni ripieni

Mondate i peperoni e tagliatene la parte superiore. Svuotateli, badando che non restino semi. Riempiteli con un misto di verdure costituito da cavolo cappuccio finemente tritato, olive sminuzzate, capperi, carote grattuggiate, sedano tagliato finemente. Insaporite con sale marino integrale, olio d'oliva extra vergine, aceto di mele ed erbe aromatiche.

Melanzane ripiene

Scegliete solo melanzane molto tenere. Mondatele, lavatele e scavatele. Cospargete di sale sia l'interno scavato sia la polpa e lasciate riposare per togliere il sapore amaro. Lavate, spremendo bene e asciugate. Mescolate la polpa ben tritata con prezzemolo e aglio e poi, a piacere, con acciughe, capperi, olive, oppure con tuorlo d'uovo ed erbe aromatiche come basilico, aneto e prezzemolo. Una variante consiste nell'utilizzare ricotta o altro formaggio fresco e abbondanti erbe aromatiche, ma questa volta di sapore più pronunciato, come rosmarino, salvia, timo, origano e anche peperoncino.

Al ristorante Possiamo mangiare crudo al ristorante senza creare problemi agli altri commensali e allo chef (e senza nemmeno passare per eccentrici...). Basta infatti guardare il banco (che spesso è self-service) oppure studiare attentamente la lista per scoprire molte delizie crude. L'arte consiste nel combinare bene questi cibi tra loro, perché una combinazione poco corretta farebbe perdere gran parte dei benefici di un pasto per il resto sano e naturale.

Il prosciutto con il melone è un piatto offerto durante gran parte dell'anno in molti ristoranti ed è indubbiamente crudo. Tuttavia ci troviamo di fronte a due alimenti non molto compatibili tra loro. La frutta andrebbe preferibilmente consumata da sola o comunque prima di qualunque altro alimento. E il melone, in modo particolare, è considerato da molti un frutto indigesto o intollerabile. In realtà è solo di difficile combinazione: non andrebbe mangiato assieme a niente altro, salvo eventualmente un altro frutto della stessa famiglia dei cocomeri, per esempio l'anguria...
Si può elegantemente risolvere questo dilemma chiedendo che il prosciutto non venga avvolto intorno al melone oppure ordinando semplicemente il melone. Possiamo anche sfilare, senza dare nell'occhio, il melone dal suo 'involucro' di fettine di prosciutto e mangiarlo prima. Lo stesso discorso vale nel caso venissero serviti i fichi con il prosciutto. A seconda del caso (o dei propri gusti), si potrà poi decidere se mangiare il prosciutto un po' più tardi oppure lasciarlo nel piatto.

Al banco degli antipasti ci si può sbizzarrire tra le cose crude: salami di diversi tipi e acciughe sono sicuramente presenti tra le varie proposte.

Nelle grandi città si trova spesso un *salad bar*. Questi locali, che seguono il modello statunitense, offrono varie verdure crude, dai germogli alle carote, dalle insalate al sedano o al finocchio. Qui basta decidere se si vuole iniziare il pasto con queste verdure oppure consumarle come contorno di un piatto proteico (oppure entrambe le cose).

Mentre è difficile trovare un primo piatto crudo (tranne il *gazpacho*, una minestra di verdure crude originaria della Spagna e servita più facilmente nei mesi estivi), nei cosiddetti 'secondi' vi è di nuovo una certa possibilità di scelta:
– formaggi a pasta cruda;

— 'Carpaccio' di carne;
— bistecca 'tartara'
— pesce (aringhe, acciughe, eccetera).

Il crudo è talmente gratificante che difficilmente si sente alla fine del pasto, il desiderio del 'dolce'. Se proprio però si vuole cedere alla tentazione, allora si può far ricorso, magari dopo un piccolo intervallo, a un gelato. Spesso questi vengono infatti preparati totalmente a freddo, con latte fresco e frutta. Anche il sorbetto quasi certamente non ha conosciuto il calore... Peccato solo che troverete queste delizie molto ricche di zucchero industriale.

Uno strappo alla regola del crudo rigoroso può essere costituito da uno zabaione o una crema all'uovo ottenuti con un delicato riscaldamento a bagno maria, cioè con l'intervento di un calore piuttosto moderato.

Non esiste invece nessun problema per quanto riguarda frutta fresca o macedonie (purché anch'esse preparate solo con frutta fresca; spesso però nei ristoranti viene utilizzata frutta sciroppata). Ricordiamoci che è meglio comunque attendere un poco, dopo un piatto proteico, prima di consumare la frutta o un dolce.

Gli amici a cena

Qualunque sia la stagione o l'evento da festeggiare, con una tavola imbandita di cibi crudi farete sempre una splendida figura. Oltretutto potrete dedicarvi di più agli ospiti, in quanto non dovreste stare intorno ai fornelli fino all'ultimo momento o addirittura mentre gli ospiti sono già arrivati. Tutti apprezzeranno colori e sapori nuovi, che oltretutto lasceranno leggeri, la sera stessa e il giorno dopo.

Ecco alcuni spunti per una cena 'importante' cruda.

Disponete, nel centro della tavola, una grande decorazione che contenga, assieme ai fiori (oppure al loro posto) tante verdure preparate per il pinzimonio. Queste possono essere tutte a bastoncini lunghi e sottili, con ciuffi di foglie attaccati, come nel caso dei gambi di sedano. Potete anche formare 'fiori' con le verdure, con l'aiuto di stecchini, punteruoli, magari degli stampini a forma di fiore o di petalo (quelli per i biscotti) e coltelli ben taglienti. I fiori di zucca e zucchina sono già perfetti, pronti per l'uso. Zucchine, carote, barbabie-

tole e rape possono essere tagliate a fettine sottili per poi ricavarne fiori e petali. Il cavolfiore ha già le sue 'rosette': basta staccarle e infilarle sugli stecchini. I carciofi immersi in acqua ghiacciata si aprono e diventano molto decorativi: basta che gli ospiti li taglino prima di immergerli nelle salse preferite. Gli asparagi faranno bella mostra di sé al centro del mazzo.
Potete preparare un vassoio con ciotole di salse varie. È originale la soluzione cinese di un piccolo tavolo girevole (si può appoggiare sopra il vostro tavolo normale, poiché noi non abbiamo l'abitudine di mangiare seduti per terra) che permette a ogni commensale di servirsi delle salse senza che gli si debbano essere passate in continuazione.
Per alcune ricette di salse, *vedi*, in questo stesso capitolo, il paragrafo 'Il pasto di mezzogiorno (... o la cena)'.

Si può anche iniziare la cena con frutti di vario tipo. Per ingannare gli ospiti abitudinari (che aspettano la frutta alla fine della cena) potete presentare i frutti in modi originali, per esempio tagliati a cubetti o dischetti e infilati su spiedini. Serviteli assieme all'aperitivo, anch'esso a base di succo di frutta, con l'aggiunta di un po' di spumante, vino bianco secco o vermouth (ricordate però che il vermouth è un vino 'cotto'...).

Dopo un inizio così abbondante, il piatto seguente sarà preferibilmente leggero. Provate con una crema. Per alcune ricette di creme *vedi* il paragrafo 'Il pasto di mezzogiorno (... o la cena)', in questo stesso capitolo.

Per i vegetaliani (che non mangiano gli alimenti di origine animale), il secondo piatto può essere sempre a base di verdure o di frutta. Non mancano certamente le possibilità di variare, rispetto al primo piatto! Per tutti gli altri potete servire un misto di formaggi, ricotte e yogurt, variamente elaborati e decorati, oppure semplicemente serviti su foglie di insalata o in cestini di vimini.

Se si desidera servire un piatto di carne cruda un po' diverso dalla bresaola, dal 'Carpaccio' e dalla 'tartara', con le stesse materie prime di base si possono creare piatti originali, sempre lasciando la carne tritata o finemente affettata a macerare in succo di limone ed er-

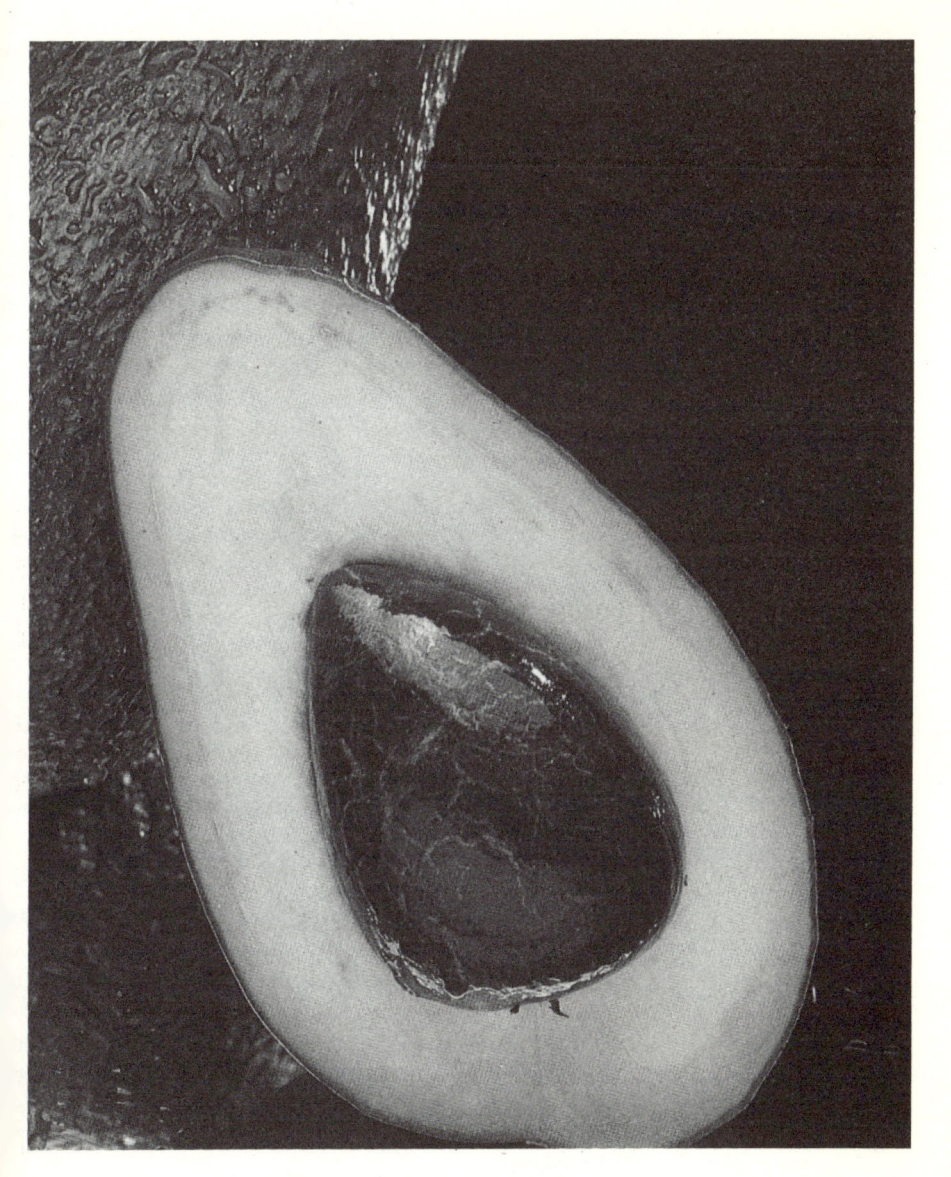

Un avocado, da solo, costituisce un pasto. Sotto il profilo calorico corrisponde a quasi due etti di riso cotto e a tre uova (circa cinquecento calorie). È ricchissimo di lipidi (in modo particolare di acidi grassi insaturi, benefici per la salute), di proteine, di vitamina A e B.
È anche molto digeribile.
Per gustarne tutto il sapore, occorre consumarlo al giusto grado di maturazione, quando la consistenza è simile a quella di una pera matura.

be aromatiche. Quel che conta è la forma, l'aspetto che darete alla fine, nonché qualche tocco di sapore particolare.

Se avete la possibilità di ricevere all'aperto ricordate che questa è un'occasione in cui i cibi crudi e freschi sono particolarmente graditi. Perché non provare con qualche minestra cruda e fredda, per esempio il *gazpacho*? Ne esistono moltissime versioni. Noi ne consigliamo una, che comunque può essere variata a seconda dei gusti personali.

> **Gazpacho**
>
> Lavate e mondate pomodori ben maturi e rossi, cetrioli (se sono teneri e freschi è meglio lasciar loro la buccia, ben spazzolata), cipolla e un po' di peperone. Riducete il tutto in poltiglia con il frullatore e insaporite con succo di limone, sale, olio, peperoncino e aglio tritato finemente.
> Si possono aggiungere mandorle o pinoli tritati, prezzemolo, basilico, origano, menta e altre erbe aromatiche.
> Lasciate riposare in frigorifero per un paio d'ore.
> Servite in una grande zuppiera di cristallo o direttamente nei piatti. Decorate con crostini di pane, fettine di cipolla, cetriolo e peperone. Qualcuno gradisce anche intingervi dei cipollotti freschi. Altri versano cubetti di ghiaccio nel piatto, al momento di servire.

Per quanto riguarda le altre ricette, di pesce o di carne, potete trovare numerosi spunti in questo stesso capitolo, in modo particolare nel paragrafo 'Il pasto di mezzogiorno (... o la cena)'.
Alla fine del pasto, se volete servire un dolce davvero 'speciale', potete preparare la seguente crostata cruda.

> **Crostata**
>
> La crostata 'classica' richiederebbe la cottura al forno. Potete sorprendere i vostri ospiti con una ricetta che non tutti riusciranno a indovinare...
> Qualche giorno prima del ricevimento preparate un impasto con farina di castagne, acqua e poco miele. Se fosse troppo morbido, aggiungete germe di grano. Stendete su una superficie piana uno strato di meno di un centimetro. Ritagliate ▶

> dei quadratini che farete asciugare al sole. Per questa preparazione è sufficiente anche il sole pallido dell'autunno.
>
> In una tortiera di porcellana, disponete sul fondo ricotta frullata con frutta fresca colorata (eventualmente anche mirtilli o lamponi surgelati) e un po' di miele. Distribuite i quadratini di castagne schiacciandoli leggermente nel fondo morbido. Decorate con frutti piccoli oppure spicchi o dadi di frutta più grossa. Se adoperate mele o pere, immergete i pezzetti in succo di limone per alcuni secondi per evitare che si scuriscano.

L'escursione in montagna

Una passeggiata in montagna richiede spuntini energetici di poco ingombro. Essenziale è la frutta fresca, anche per il notevole apporto di liquido, oltre che di vitamine e sali minerali. L'ideale in assoluto sono le mele, che fortunatamente si trovano in tutte le stagioni. Nocciole, noci, mandorle e altri semi oleosi si possono portare già sgusciati, in involucri che li riparino dall'aria. Se l'escursione è impegnativa e dura diversi giorni o anche settimane, senza possibilità di rifornimento, è utile apprendere dall'esperienza di alcuni italiani che hanno attraversato le Ande, assieme a guide locali, con pochissime provviste (almeno misurate in peso: appena alcuni etti di cereali). Tenendo questi in bocca a lungo, si ammorbidivano e cominciava in un certo senso la loro germinazione e trasformazione in cibo 'vivo'. Si masticava quindi con facilità e si ricavava da questi semi energia tale che erano sufficienti quantità molto ridotte per sentirsi in forma durante tutto il tragitto.

Chi volesse preparare qualche cosa di 'speciale' da portare con sé, per una gita domenicale, può ispirarsi alle merende per bambini.
Una variante simpatica e veloce da preparare sono i fichi mandorlati. Aprite i fichi secchi a metà e inseritevi una mandorla spelata, oppure mezza noce, o ancora un pezzetto di noce di cocco. Al posto dei fichi si possono anche usare i datteri snocciolati.
Tutti questi sono cibi molto concentrati che mettono sete: ricordatevi di portarvi da bere!

C'è anche chi porta un müesli preparato, con solo il latte da aggiungere, all'ultimo momento. È un impegno leggermente maggiore, in quanto richiede un recipiente per il latte e uno per il müesli. In commercio, soprattutto nei negozi dietetici, si trovano anche delle 'gallette' che, bagnate, diventano un müesli (gli ingredienti sono infatti i medesimi).

Il campeggio

La vacanza in campeggio è l'occasione ideale per una 'cucina senza fuoco'. In poco spazio si possono far germogliare le provviste di cereali o di leguminose. In poco spazio si preparano anche gustose macedonie (a meno che non si vogliano consumare i frutti allo stato naturale). Lavare e preparare le verdure crude richiede qualche attrezzo in più, ma anche questo lavoro si può svolgere all'aria aperta.

Utili da portare via da casa, già preparati, sono uno o più tipi di condimenti, per esempio olio, aceto di mele, sale marino integrale ed erbe aromatiche secche, in un vaso a chiusura ermetica. Un altro vaso conterrà olio nel quale sono posti a macerare peperoncino, aglio, grani di pepe, alloro, pimento, chiodi di garofano e simili. A questo punto diventa un impegno minimo preparare il necessario per un pinzimonio o per un'insalata mista...

In crociera

Chi va in crociera probabilmente riuscirà a consumare del buon pesce appena pescato. Utili da tenere a bordo sono quindi i coltelli ben affilati, oltre ad abbondanti scorte di limone, una bottiglia di olio e del tamari. È comodo anche un assortimento di erbe aromatiche secche, in vasetti ben chiusi.

Calamaretti

Purché freschissimi e teneri, essi si prestano a una preparazione assai gustosa, una volta privati della sacca interna e dei tentacoli duri. Lavateli più volte e lasciateli asciugare. Tagliateli a striscioline e lasciateli macerare per una notte (o un giorno) in luogo fresco o meglio in frigorifero con abbondante succo di limone, rivoltandoli di tanto in tanto. Fateli sgocciolare e serviteli conditi con prezzemolo, aglio, sale e olio, e, a piacere, menta e basilico.

Insalata di mare

Tutto quanto resta nella rete si presta, purché tenero, alla preparazione di insalate di mare (potete comunque scartare le parti più dure). Filetti di pesce tagliati, strisce di seppie e calamari, mitili, gamberetti sgusciati (dopo essere stati lavati più volte in acqua di mare) vengono messi a macerare al fresco, con abbondante succo di limone, per cinque-dieci ore. Cospargeteli poi con erbe aromatiche tritate, fettine di limone e, a seconda dei gusti, con maionese.

Pesce spada

Il pesce spada può essere tagliato prima a fette (e poi a cubetti) e messo a macerare in succo di limone, olio ed erbe aromatiche.

Gamberetti

Appena pescati vanno lavati in acqua di mare, sgusciati e messi a macerare, per circa sei ore, in succo di limone. Girateli ogni tanto. Serviteli in coppe, sopra un misto di verdure crude condite con sale, olio e limone.

In spiaggia

Sulle spiagge è meglio non accendere fuochi, nemmeno durante la notte, né per la tradizionale spaghettata... Molto meglio gustare, a tutte le ore del giorno o della notte, cibi crudi: fresche mozzarelle di bufala con pomodoro (anche se questa è una ricetta molto 'comune' è pur sempre gustosa), vari frutti e, se vi è stata la possibilità di trovare del pesce freschissimo e di prepararlo, qualcuno dei piatti appena visti o qualche specialità locale carpita agli abitanti della zona.
Durante il giorno la cosa più importante, in spiaggia, è non disidratarsi. Tenete con voi quindi abbondanti scorte di liquido: acqua oppure frutta fresca. Alimenti energetici come quelli consigliati per le gite in montagna non serviranno (o solo in misura ridotta, per i grandi sportivi di nuoto o di surf).

A scuola di sopravvivenza

Sia che si passi una vacanza alla moda, sia che ci si trovi in reale necessità, 'sopravvivenza' significa anche nutrirsi con quanto la natura offre spontaneamente in un dato luogo, con un determinato clima.

In mezzo al mare possono essere le alghe e il pesce; sulla terraferma si tratterà invece delle erbe che solitamente consideriamo 'erbacce' e che invece per la maggior parte sono non solo commestibili, ma anche ricche di proprietà salutari e terapeutiche. Cogliamo dunque ortiche, 'dente di leone', piantaggine, acetosella in foglie, tarassaco in capolini fioriti, gramigna in radice, granoturco in pannocchie tenere, il frutto turgido della rosa canina e impariamo a gustarli. Dopo averli lavati nell'acqua di un ruscello, masticate accuratamente le parti tenere, commestibili, eventualmente accostando successivamente diversi sapori complementari. Il 'crudo' originale era certamente questo e l'idea del 'crudo barbaro' ricorre ancora infatti a questa immagine, un po' limitativa... Tutto questo però non è una ragione sufficiente per negarci il piacere di scoprire, durante le passeggiate in campagna o in montagna aromi e sapori nuovi, irripetibili...

Appendice bibliografica

Vogliamo qui di seguito darvi delle indicazioni concrete perché possiate approfondire gli argomenti trattati in questo libro e, più in generale, il discorso sull'alimentazione corretta.

Abbiamo parlato di 'istintoterapia', la disciplina promossa, tra gli altri, da Guy-Claude Burger. Di questo autore potete leggere
G.C. Burger *La guerre du cru*, Roger Faloci, Parigi
libro che spiega come l'uomo abbia perso, nel corso della storia, i suoi 'istinti alimentari' e che propone un programma pratico per ritrovarli pienamente.

R. Bircher *Gli Hunza. Il popolo della salute*, Quaderni di Ontignano, Libreria Editrice Fiorentina, Firenze
il figlio del famoso dietologo M. Bircher Benner, pur non avendo visitato personalmente il paese degli Hunza, si basa sui resoconti di R. McCarrison, del suo allievo dottor G.T. Wrench e degli esploratori coniugi Lorimer, per presentare un quadro molto completo del modo di vivere di questo popolo che poteva un tempo essere definito 'il più sano del mondo'.

C. Lévi-Strauss *Il crudo e il cotto*, Il Saggiatore, Milano
l'approfondita ricerca dell'antropologo francese sulle sottili connessioni fra le usanze alimentari e la struttura sociale.

R. Kunz Bircher *Il libro della salute Bircher Benner*, Mondadori, Milano
l'autrice, figlia di M. Bircher Benner, propone una serie di rimedi e ricette terapeutici naturisti.

Duca di Salaparuta, *Cucina vegetariana e naturismo crudo*, Sellerio, Palermo
il 'manuale di gastrosofia naturista' di Enrico Alliota, nobile siciliano agricoltore ed enologo. Il libro contiene ben 1030 ricette.

N. Valerio *Tutto crudo*, Mondadori, Milano
una guida ragionata, ricca di prospetti, tabelle, dati di laboratorio, ma soprattutto di consigli pratici per mangiare al naturale.

N. Valerio *L'alimentazione naturale*, Mondadori, Milano
un libro semplice ma ricco di informazioni sugli alimenti e con più di duecento facili ricette.

H. Chenot *La dieta energetica*, Rizzoli, Milano
propone uno schema dietetico personalizzato (integrato da idroterapia e fitoterapia) per prevenire e curare numerosissimi disturbi fisici e mentali.

E. Howell *Enzyme Nutrition*, Avery Publishing Group, Wayne, New Jersey
il testo, più volte citato in questo libro, dove il medico americano dimostra che gli enzimi contenuti nei cibi crudi contribuiscono notevolmente al processo digestivo e che la dieta dell'umanità civilizzata è assai sbilanciata.

C. Cheno *Les crudités*, M.A. Editions, Parigi
elenca i molti motivi per ritornare a un'alimentazione più sana e naturale. Contiene numerose ricette.

E.B. Szekely *Il vangelo esseno della pace*,
una sintesi della raccolta di manoscritti probabilmente appartenenti alla setta ebraica degli Esseni.

J.L. Roger *La salute a tavola*, Musumeci, Aosta
come nutrirsi per prevenire le malattie e vivere in forma. Duecento ricette naturali facili e gustose.

A. Rizzotti Biganzoli *Alimentazione e salute*, Editrice Seprio Tradate
spiega come funziona il processo di digestione e assimilazione degli alimenti. Un libro sulla fisiologia della nutrizione e il suo rapporto con i cibi che ingeriamo.

H. Hoffer, M. Walker *Nutrizione ortomolecolare*, red./studio redazionale, Como
le vitamine e i sali minerali sono elementi vitali per il nostro organismo e la loro ingestione equilibrata può curare le malattie del nostro secolo.

J. Rodale e coll. *Il libro completo dei minerali per la salute*, Giunti Martello, Firenze
mette in evidenza la necessità di una corretta assunzione di minerali, analizzando la funzione specifica di ognuno di essi. Vengono discusse inoltre le più comuni malattie da carenza e viene sottolineata la funzione dei minerali nella prevenzione di vari disturbi erroneamente ritenuti 'normali' in determinati periodi della vita (gravidanza, senilità, eccetera).
Dello stesso autore, presso il medesimo editore: *Il libro completo delle vitamine per la salute*.

G. Hauser *Vivere giovani vivere a lungo*, Mondadori, Milano
«Non è un libro come gli altri: è il passaporto per un nuovo modo di vita»: con queste parole l'autore presenta alcune diete da lui studiate per vivere a lungo in buona salute, prevenendo molti disturbi.

A. Gevaert, E. Van der Seelen *Vivere sani con cibi sani*, Mondadori, Milano
una guida preziosa, contenente più di quattrocento ricette di cucina naturista.

A. Brioschi *A tavola con la natura*, Morano, Napoli
spiega come nutrirsi in modo naturale ed evitare i cibi che intossicano l'organismo e lo predispongono alle malattie.

C. Aubert *Un altro piatto*, Mondadori, Milano
consigli pratici per alimentarsi in modo equilibrato ed economico da un grande esperto di agricoltura biologica.

L. Pecchiai *Per un'alimentazione sana e naturale*
raccolta di articoli e pubblicazioni di uno dei padri dell'alimentazione naturale nel nostro paese. Si può richiedere al Centro di Eu

biotica umana presso l'Ospedale dei Bambini di Milano, via Castelvetro 32, tel. 02-3490851.

A. Cecchini *Vivere domani*, Edizioni Erboristeria dottor A. Cecchini, piazza Pellerano 13, 54037 Marina di Massa (MS), tel. 0585-22241
dove i vari alimenti sono presi analiticamente in considerazione.

Associazione Naturista Bolognese *Naturalmente, manuale di cucina e alimentazione naturista*, edizioni Gruppo Abele, Torino
fornisce semplici indicazioni di molto buon senso e ottime ricette.

L. Nava *Fast food naturale*, red./studio redazionale, Como
come mangiare sano e veloce in casa e fuori e ricavare il meglio da tutti i cibi.

S. Brown *I piaceri della cucina vegetariana*, Mondadori, Milano
libro che è una miniera di ricette e consigli anche per improvvisare una cena elegantissima con ciò che si ha normalmente in casa.

G. Dalla Via *Le combinazioni alimentari*, red./studio redazionale, Como
l'associazione corretta dei cibi nell'alimentazione naturale è alla base di ogni vera e sana dieta.

Per chi volesse saltare un pasto o iniziare un breve digiuno è utile

A. Cott *Digiuno via di salute*, red./studio redazionale, Como.

G. Dalla Via *L'aceto di mele*, red./studio redazionale, Como
descrive le proprietà di questo antico e nuovo amico del benessere, ancora così poco conosciuto in Italia.

T. Valpiana *Yogurt*, red./studio redazionale, Como
presenta tutti i benefici di questo alimento 'vivo'. Spiega anche come prepararlo in casa e descrive numerose ricette per utilizzarlo in piatti un po' diversi e veramente gustosi.

Per saperne di più sui germogli ricordiamo

C. Gélineau *I germogli*, red./studio redazionale, Como
che presenta questo cibo vegetale che può essere seminato in ogni giorno dell'anno, anche nella vostra cucina.

Indice analitico delle ricette

Primi piatti

102 Brodo di carote e sedano
104 Crema di ceci
104 Crema di cereali ai tartufi
103 Crema di funghi
118 Gazpacho
103 Minestra di zucca
102 Minestrone
102 Zuppa di pomodoro

Secondi piatti

Di verdure
113 Cetrioli ripieni
 96 Germogli
 98 Melanzane crude
113 Peperoni ripieni
107 Polpettone di avocado

Di verdure con latticini o cereali
107 Fave e pecorino
113 Melanzane ripiene
112 Pomodori ripieni
107 Sformato di germogli e fiocchi
113 Zucchine ripiene

Di carne
 21 Carpaccio
106 Faraona alle olive nere
106 Polpettine crude
104 Polpettone

Di pesce
 78 Acciughe marinate

109 Brodo di triglie
120 Calamaretti
121 Gamberetti
108 Insalata di branzino e funghi
121 Insalata di mare
121 Pesce spada
109 Spiedini di tonno

Salse

100 Maionese
101 Maionese senza uova
 99 Pesto
100 Salsa al cren
101 Salsa alla senape
 99 Salsa all'avocado
101 Salsa al tahin
101 Salsa con le mandorle
 99 Salsa di rapanelli
100 Salsa piccante alle acciughe

Dolci, spuntini, merende

 94 Bircher-müesli
112 Crema di germe di grano e uvetta
118 Crostata
 95 Müesli di cereali macinati
 95 Müesli di germogli
 95 Pane senza cottura
110 Rotolo di fichi e uvetta
105 Yogurt
112 Yogurt alla frutta

Indice

  9 UN PO' DI STORIA
11 La mela di Adamo ed Eva era cruda
16 La cultura del fuoco
23 Crudo o cotto? Opinioni a confronto

31 LE RICERCHE DI OGGI
33 Alla luce della scienza moderna
46 I possibili rischi degli alimenti
53 Quanti vantaggi nei cibi crudi!

65 IN PRATICA...
67 L'istintoterapia
73 Le eccezioni
80 Come cambiare le abitudini alimentari
86 La conservazione
94 Ricette facili per tante occasioni

123 **Appendice bibliografica**
126 **Indice analitico delle ricette**

DALLA VIA, Gudrun

 L'arte del crudo.

Como, red./studio redazionale, 1989
128 p. ill. 22 cm (L'altra medicina, 82)

1. Culinaria
2. Alimentazione e Salute

ISBN 88-7031-336-0
CDD   641.7

I volumi pubblicati da *red./studio redazionale* sono corredati da una scheda bibliografica, redatta secondo le norme di catalogazione della Bibliografia Nazionale Italiana.

Ciò vuole essere un contributo, certamente modesto ma concreto, al lavoro svolto dai bibliotecari italiani per un migliore funzionamento degli istituti in cui operano.

L'iniziativa tende inoltre a favorire l'organizzazione delle informazioni bibliografiche in tutte le sedi della documentazione (biblioteche scolastiche, specializzate, aziendali, eccetera).

finito di stampare nel mese di maggio 1989
dalla NEW PRESS, COMO

edizioni di red./studio redazionale
periodico mensile numero 82/1989
registrato con il numero 8/78
presso il Tribunale di Como
direttore responsabile: Maurizio Rosenberg Colorni
ISSN 0391-0822

tariffa ridotta editoriale
autorizzazione numero 24746/10 del 22-4-78
della Direzione Provinciale P.T. di Como
pubblicità inferiore al 70%